先生1年目からの アナログ&デジタル 学級づくりスキル102

Takafumi Takamori
高森 崇史

明治図書

はじめに

　私が先生として初めて教壇に立った頃，特に強く抱えていたのは，「明日からすぐに使える具体的な知識や技術を教えてほしい」という切実な願いでした。

　新人の私は，毎日の授業準備や生徒指導，さらには保護者からの連絡や学校行事の準備など，多岐にわたる業務に追われていました。その中で，自分が何を優先すべきかわかりませんでした。初任者指導の先生や先輩には教育理論や長期的な教育目標について教えていただきましたが，それを実践に落とし込む術がわからず，途方に暮れる日々でした。

　抽象的な理論や長期的な視点よりも，目の前の問題を解決するための具体的な手立てが必要だったのです。海で溺れている最中に，正しい泳ぎ方や泳ぐ際のコツを教えられても，それを理解し実行する余裕などありません。

　それよりもまず，浮き輪を投げてもらい，なんとかその場を乗りきることが何よりも重要です。新人の私は，まさにそのような状況にありました。毎日の授業で何を話せばいいのか，子どもたちの予期せぬ反応にどう対処すればいいのか，基本的なことすら手探り状態でした。教室での突発的な出来事や問題行動に対して，具体的な対応策をもち合わせておらず，不安とプレッシャーに押し潰されそうになっていました。

　古の賢人である孔子は，「授人以魚　不如授人以漁」と述べました。「飢えている人がいるときに，魚を与えるか，魚の釣り方を教えるか」という意味で，「人に魚を与えれば１日で食べてしまうが，釣り方を教えれば一生食べていける」という考え方です。確かにその言葉には深い真理が込められており，教育の本質を突いています。しかし，もしその人が疲れ果てて魚を釣る気力すら失っていたら，釣り方を教えることになんの意味があるでしょうか。まずは，その人が釣りをするための気力や体力，そして時間的な余裕を取り戻すことが先決です。何かを学ぶためには，心と体に余裕がなければなりま

せん。

　今日や明日を生き抜くことで手いっぱいの人に，未来のための知識を伝えても，それを生かすことは難しいのです。現場での厳しい現実を前に，理想論だけでは乗り越えられない壁があることを痛感しました。新人の先生の多くの場合，理想と現実のギャップに苦しみ，孤独感や無力感を感じることが少なくありません。私自身も，理想的な教師像と現実の自分との間で葛藤し，自信を失いかけたこともありました。そのようなときに必要なのは，遠い未来のビジョンではなく，今この瞬間を乗りきるための具体的なアドバイスや支援です。

　そのような考えから，私は長期的な視点で役立つ理論書ではなく，明日をなんとか乗りきるための実践的なガイドブックを書くことに決めました。学級経営のスキルや生徒指導の技術，効果的な授業の組み立て方などは，経験を積み重ねていく中で徐々に身に付いていくものです。しかし，まずは最初の１年を無事に乗り越えることが重要です。そのために，この１冊に必要な情報やヒントを可能な限り詰め込みました。

　この本には，明日からすぐに使える具体的なテクニックや，よくある問題への対処法，学級経営のコツ，さらには保護者との関わり方など，現場で役立つ内容を盛り込んでいます。新人の先生が直面しがちな課題や困難に対して，具体的な解決策や実例を交えながら解説しています。

　忙しい毎日の中で少しでもみなさんの助けとなり，明日への一歩を支える浮き輪のような存在になれば幸いです。まだまだ若い先生方が，自信をもって教壇に立ち，生き生きとした学級を築いていく一助となることを心から願っています。

2024年12月

高森　崇史

CONTENTS

はじめに ／ 002

序章　学級づくりは泥臭く，かつ効率よく

1 若い先生に必要な「泥臭さ」とは？ ……012

2 それでも「効率よく」の視点も大切に ……014

第1章　泥臭く仕事する！学級づくりのアナログスキル

心構え編

1 1年間の見通しを立てよう ……018

2 初任時代に知っておきたい3つのポイントをおさえよう ……020

3 初任時代に知っておきたい4つの仕事術をおさえよう ……021

4 1年間で最も大事な4月に大切なことをおさえよう ……022

学級経営＆指導技術編

5 4月初めには3つの準備をしておこう ……024

6 学級開きの話題で1年間の方針を共有しよう ……025

7 語りで子どもを育てよう ……026

8 学級を動かす指示のスキルをおさえよう ……028

9 効果的なほめ方をおさえておこう ……030

10 効果的な叱り方の3原則をおさえておこう ……………………… 031

11 朝の会・帰りの会の役割を明確にしよう ……………………… 032

12 掃除指導の意図と方法を明確にもとう ……………………… 034

13 給食指導の意図と方法を明確にもとう ……………………… 036

14 当番活動や係活動の例を知っておこう ……………………… 038

15 適切な「タイミング」をおさえよう ……………………… 040

16 かるた学習で学級経営の土台づくりをしよう ……………………… 041

17 読み聞かせで落ち着いたクラスをつくろう① ……………………… 042

18 読み聞かせで落ち着いたクラスをつくろう② ……………………… 043

19 読み聞かせ動画を活用してみよう ……………………… 044

20 学級づくりに役立つ心理学をおさえよう ……………………… 045

21 1分間トークで子どもたち同士の関係をつくろう ……………………… 046

22 ビーズクッションでコミュニケーションをとろう ……………………… 048

23 アイテムで子ども同士をつなげよう ……………………… 049

24 授業開きで伝えておきたいことをおさえよう ……………………… 050

25 授業で使える指名の仕方を知ろう ……………………… 051

26 発表者を増やす7つの方法をおさえよう ……………………… 052

27 授業がうまくなる4つのコツをおさえよう ……………… 054

28 教科別の板書の例を知っておこう ……………………… 055

29 板書の種類とコツをおさえておこう …………………… 056

30 ペアやグループの交流を深める技を知ろう …………… 058

31 評価の方法や内容をおさえよう ………………………… 060

32 引き出しは常に整理整頓しよう ………………………… 061

33 メリハリをつけて仕事をしよう ………………………… 062

34 電話対応の基礎基本をおさえよう ……………………… 063

35 家庭訪問の流れをおさえておこう ……………………… 066

36 先手必勝で保護者の心をつかもう ……………………… 067

37 保護者会で話せる鉄板ネタを準備しよう ……………… 068

38 保護者会でのアイスブレイクネタを準備しよう ……… 069

第2章 効率よく仕事する！学級づくりのデジタルスキル

39 モバイル端末を活用しよう 072
各種デジタルアイテム

40 掲示物をデジタル化しよう 073
Canva

41 学級通信を Canva でつくろう 075
Canva

42 デジタル賞状・メッセージカードを用意しよう 076
Canva

43 デジタル給食当番表・掃除当番表を用意しよう 077
Canva

44 宿題の提出は一覧表示で確認しよう 078
Canva, ロイロノート

45 書類はデジタルノートで1つにまとめよう 079
Goodnotes

46 年間指導計画，学習指導要領もデジタルノートにまとめよう ... 080
Goodnotes

47 デジタルノートで教材研究しよう 081
Goodnotes

48 提出物をデジタルノートで管理しよう 082
Goodnotes

49 名前シールを一括で作成しよう 083
Word

50 所見案作成支援ツールを活用しよう 084
Google スプレッドシート

51 Google ToDo リストを有効活用しよう 088
Google ToDo リスト，Google スプレッドシート

52 運動会の表現運動の参考サイトを知ろう 090
YouTube

53 メモをクラウドで同期して活用しよう 091
Google Keep

日常業務編

54 学級開きはスライドでわかりやすく行おう ⋯⋯⋯⋯092
Canva

55 年度はじめの自己紹介は Kahoot! で行おう ⋯⋯⋯094
Kahoot!

56 定期的な振り返りで係や当番活動を動かそう ⋯⋯⋯095
Canva, ロイロノート, Google スライド

57 毎週末にフォームで掃除の振り返りをしよう ⋯⋯⋯096
Google フォーム, Forms

58 月末にフォームで子どもの実態を把握しよう ⋯⋯⋯097
Google フォーム, Forms

59 ＡＩに子ども同士をつなげる活動を相談してみよう ⋯⋯098
ChatGPT, Gemini

60 ＡＩで子どもが喜ぶデジタルおみくじをつくろう ⋯⋯099
Canva, ChatGPT

61 ロイロノートでジェスチャーゲームをしよう ⋯⋯⋯100
ロイロノート

62 フォームで「私はだあれ」ゲームをしよう ⋯⋯⋯101
Google フォーム, Forms

63 フォームで「これって私だけ」ゲームをしよう ⋯⋯⋯102
Google フォーム, Forms

64 授業の導入や復習をクイズ化しよう ⋯⋯⋯103
Kahoot!

65 個別最適な学びとＩＣＴの関連をおさえよう ⋯⋯⋯104
全般

66 協働的な学びとＩＣＴの関連をおさえよう ⋯⋯⋯105
全般

67 授業の導入でのＩＣＴ活用方法を知ろう ⋯⋯⋯106
Google フォーム, Forms, YouTube, Kahoot!, Quizlet

68 授業の展開でのＩＣＴ活用方法を知ろう ⋯⋯⋯108
ロイロノート, Canva, Padlet, Google／Microsoft／Apple ツール

69 授業の終末でのＩＣＴ活用方法を知ろう ⋯⋯⋯110
Kahoot!, Quizlet, Padlet, Google／Microsoft／Apple ツール

70 ＩＣＴを生かした国語の授業の進め方を知ろう ⋯⋯⋯112
ロイロノート, Canva, Google スライド

71 ＩＣＴを生かした算数の授業の進め方を知ろう ⋯⋯⋯⋯⋯113
Kahoot!, Canva, ロイロノート, Google スライド, Google フォーム

72 ＩＣＴを生かした社会の授業の進め方を知ろう ⋯⋯⋯⋯⋯114
Kahoot!

73 ＩＣＴを生かした理科の授業の進め方を知ろう ⋯⋯⋯⋯⋯115
NHK for School

74 ＩＣＴを生かした道徳の授業の進め方を知ろう ⋯⋯⋯⋯⋯116
Google フォーム, Forms, Padlet

75 ＩＣＴを生かした体育の授業の進め方を知ろう ⋯⋯⋯⋯⋯117
Wakelet , ロイロノート, Canva

76 ＩＣＴを生かした総合的な学習の時間の進め方を知ろう ⋯⋯⋯118
Canva

77 ＩＣＴを生かした外国語の授業の進め方を知ろう ⋯⋯⋯⋯119
ウェブサイト

78 ＩＣＴを生かした音楽の授業の進め方を知ろう ⋯⋯⋯⋯⋯120
ロイロノート, Canva, Padlet

79 ＩＣＴを生かした図工の授業の進め方を知ろう ⋯⋯⋯⋯⋯121
Canva, Google スライド, Padlet

80 ＩＣＴを生かした生活の授業の進め方を知ろう ⋯⋯⋯⋯⋯122
Google フォーム, Forms, ロイロノート

81 ＩＣＴを生かした家庭科の授業の進め方を知ろう ⋯⋯⋯⋯123
Google スライド, Canva, ロイロノート

82 ＩＣＴを生かした特別活動の進め方を知ろう ⋯⋯⋯⋯⋯124
ロイロノート, Canva, Google フォーム, ふきだしくん

83 「必ず板書する」を疑おう ⋯⋯⋯⋯⋯125
Goodnotes

84 ＡＩを授業準備に取り入れてみよう ⋯⋯⋯⋯⋯126
ChatGPT, Gemini

85 オンライン授業を取り入れよう ⋯⋯⋯⋯⋯127
Zoom, Google Meet

86 授業で活用しやすいウェブサイトを知ろう ⋯⋯⋯⋯⋯128
ウェブサイト

87 タイピングの指導方法をおさえよう ⋯⋯⋯⋯⋯130
タイピング練習サイト

ICT指導編

88 プログラミングの指導方法をおさえよう ……………… 132
プログラミングサービス

89 プレゼンテーションの指導方法をおさえよう ……………… 134
Canva, Google スライド, PowerPoint

90 困ったことをAIに相談してみよう ……………… 135
ChatGPT, Gemini

91 保護者会用のプレゼンテーションを準備しておこう ……………… 136
Canva

92 アイスブレイクやグループワークネタをAIに任せてみよう ……………… 138
ChatGPT, Gemini

93 学級クイズ大会で保護者会を盛り上げよう ……………… 139
Kahoot!

94 家庭のことを保護者同士で共有してもらおう ……………… 140
Padlet

保護者との関係づくり編

95 保護者会で役立つ情報モラルサイトを知ろう ……………… 141
ウェブサイト

96 相談窓口を作成し，定期的な情報収集をしよう ……………… 142
Google フォーム, Forms, Padlet

97 子どもの成果物をデジタルで掲示して学級の様子を伝えよう ……………… 143
Padlet

98 子ども通信で学校の様子を知らせよう ……………… 144
Canva

99 毎月の思い出を写真で伝えよう ……………… 145
Canva

100 保護者も嬉しい写真付き賞状を用意しよう ……………… 146
Canva

101 学期の思い出ムービーを作成しよう ……………… 147
Canva

102 授業参観の準備をしよう ……………… 148
NHK for School

番外編 仕事ができるようになるための思考術 ……………… 149

おわりに ／ 150　　　　　参考文献一覧 ／ 151

序章

学級づくりは　泥臭く、かつ　効率よく

1 若い先生に必要な「泥臭さ」とは？

　この本は，すべての先生が効率よく働けるような内容になっています。ここに書かれていることを実践すれば，仕事を早く終わらせることができ，学級経営も安定します。しかし，いくつか注意してほしいことがあります。
　最初から効率だけを求めて仕事をしても，残念ながら良い学級はつくれませんし，理想とする先生にはなれません。良い学級をつくるには，先生の信念や情熱，そして子どもたちへの深い愛情が必要です。効率だけを考える人には，これらが欠けています。理想とする学級にするために貪欲に学び続ける情熱や，子どもたちの将来のために全力を注ぐゆるぎない信念，自分の時間を惜しまず子どもたちに力を注ぐ深い愛情。こういった効率とはかけ離れた思いが必要です。これらの要素が組み合わさってこそ，真に理想的な教育が実現します。
　最初は，自分に合う方法や，目の前の子どもたちに効果的な方法がわかりません。たくさん実践を積み重ね，いろいろ試して，その中から選んでいくのです。100回でも200回でも，あるいは1000回でも，新しいことに挑戦していきます。
　その過程で，自分や学級に合うものが見つかります。その間は，「泥臭く」頑張るしかありません。失敗を恐れず，試行錯誤を繰り返すことで，教師としての力が磨かれていきます。
　最初から「理想の先生になろう」とか「スマートに働こう」と思っても，すぐにはなれません。もし簡単になれたと感じるなら，それは理想が低すぎるのです。「泥臭く」努力し続け，少しでも理想に近づけるよう頑張っているうちに，徐々に理想の先生や良い学級に近づいていきます。地道な努力の積み重ねが，やがて大きな成果を生み出すのです。

「泥臭さ」を大切にしつつ，知識を蓄えることで効率化できる

　「泥臭く」働くことが大切だとお伝えしましたが，その気持ちを大切にしながらも，知識を積み重ねることで効率よく働くことができます。具体的な例で説明します。

　最近，子どもたちの間でLINEなどのチャットによるトラブルが増えています。家庭内の出来事であり，学校の業務時間外です。効率だけを求めるなら，「学校外のことなので，ご家庭でご指導ください」と対応するでしょう。しかし，これは子どものためにならず，保護者からの信頼も失います。

　一方，「泥臭く」頑張る場合，子ども一人ひとりから話を聞き，事実を確認しながら指導します。管理職に相談・報告し，保護者にも連絡して事実関係を伝えます。しかし，「うちの子は悪くない」と主張する保護者も中にはおり，さらに話し合いが必要になることもあります。時間と労力はかかりますが，このような経験を通して生徒指導力が高まります。これが「泥臭く」働く姿勢です。

　では，知識があればどうでしょうか。生徒指導の経験が豊富なら，年間で起こり得るトラブルを予測し，事前に対策できます。例えば，担任になった際，最初の保護者会で自己紹介や学級方針を話してから，その学年で起こり得るトラブルを説明します。また，子どもが家庭で話すときに「自分に都合のいいように言葉を変えることがある」「親は子どもをかばうだけではなく，ときには厳しく伝える必要がある」「子どもが迷惑をかけた場合は，相手の保護者にも謝罪する」などを事前に伝えておきます。学級内でも保護者同士のルール（モラル）を確認します。こうした事前対応により，トラブルが起きても大きな問題になりにくくなります。

　この方法は，**「子どものため」「家庭のため」に行動しつつ，効率もよいのです。最初の「効率だけを考えた方法」とは異なります。**この違いを混同しないように注意が必要です。効率だけを求めても良い教育はできませんので，気をつけましょう。

2 それでも「効率よく」の視点も大切に

　20代のうちは，たくさんの仕事を経験することが大切です。なぜなら，ほとんどの場合20代の間しか自分の学級経営や生徒指導に集中できないからです。30代になると，人生のステージが変わります。結婚や子育てで家庭が忙しくなるかもしれませんし，学年主任や研究主任，体育主任などの役職が増え，自分の仕事だけに集中できなくなるでしょう。つまり，20代のうちに自分なりの学級経営や生徒指導，仕事のやり方を確立しておく必要があります。そうしないと，30代になったときに仕事がうまく回らなくなってしまいます。20代のうちに学級経営をスムーズに行えるようにしておくことで，その後の仕事の仕方は大きく変わります。

30代以降では

　30代になると，自分の学級だけに集中するわけにはいきません。自分の学級経営を「効率よく」行いながら，他の学級や若い先生たちをサポートする必要が出てきます。
　また，最近の働き方改革により，「とにかく一生懸命働く」「時間をたくさん使って子どものために」という働き方は難しくなっています。後輩たちの良いお手本にもなりません。
　さらに厳しいことをいえば，仕事は成果が大切です。どれだけ長く働いたかは関係ありません。むしろ，効率よく働いている人の方が評価されるべきです。例えば，「17時まで働いて成果を出す先生」と「21時まで働いて成果を出す先生」では，前者が評価されるべきです。
　一生懸命な姿は素晴らしいですが，仕事においては要領よく働くほうが優れています。しかし，先生とは日頃から教育に携わっているため，努力を評

価しがちなものです。

　人によっては，後者の方が頑張っていると感じるかもしれません。子どもの場合は努力の過程を認めてあげることが必要ですが，大人の場合は成果のほうがより重要です。

効率化にはデジタル化が必須

　「効率よく」働くためには，今の時代，パソコンやタブレットを使いこなすことが欠かせません。「パソコンやタブレットが苦手です」と言うのは，「私は仕事ができません」と言っているようなものです。現在の先生の仕事量で毎日定時に帰るためには，デジタル技術を活用する必要があります。いくつかの例を紹介します。

例1　学級通信の場合

　ICTをあまり使えないと，学級通信を書くのは放課後になります。その週を振り返りながら Word に文章を入力し，デジタルカメラで撮った写真をSDカードからパソコンに取り込み，Word に貼り付けます。放課後に1時間ほどかけてようやく学級通信が完成します。

　一方，ICTが得意な人は，事前に Canva で学級通信のテンプレートをつくっておくことができます。授業中に学級の写真をスマートフォンやタブレットで撮影し，そのまま Canva に貼り付けます。データはクラウド上にあるので，スマートフォンやタブレット，教室のパソコンなど，どこからでも入力できます。休み時間に音声入力で文章を入れれば，5分で学級通信が完成します。放課後に学級通信を書く必要はありません。

例2　授業の場合

　ICTを活用していないと，子どもたちは紙のノートやワークシートを使います。そのため，子どもたちの考えを確認するにはノートを回収する必要

があります。さらに，コメントを書いて返却するまでにかなりの時間がかかります。ワークシートを使う場合は，さらに印刷や配付の時間が必要です。

　しかし，ＩＣＴが得意な人は，Google スライドやロイロノート，Canva などを使います。子どもたちにデジタル上で考えを書かせるので，印刷や配付は必要ありません。ＩＣＴツールを使えば全員の考えを一覧で見られるため，授業中に評価もできます。ノートを集めて一人ひとり確認する必要もありません。また，子どもたちが考えを書いている間に，先生はチャット機能で個別にコメントしたり，一覧を見ながら声をかけたりします。こうして授業中にすべての作業を完結させるので，放課後にノートのチェックやコメント，評価をする時間は不要です。

まとめ

　いかがでしょうか。学級通信の業務と授業の例を紹介しましたが，ＩＣＴを使えるかどうかで放課後の時間が大きく変わることがおわかりいただけたと思います。同じ内容の業務や授業でも，ＩＣＴを使いこなすことで仕事のスピードが全く変わります。

　今回は２つの例を紹介しましたが，他にも多くの場面でＩＣＴを活用すれば，定時退勤どころか，定時前に時間が余ることもあります。また，今後はＡＩの時代です。ＡＩを活用することで，さらに仕事の効率が上がります。ＡＩの活用に興味がある方は，『NEXT GIGA の仕事イノベーション　学校で使いたいＡＩのすべて』『ゼロからでもすぐ取り組める　先生のためのＡＩ＆ＩＣＴ働き方革命術』（ともに明治図書）をご覧ください。

　これらの本の内容がほとんどできるようになった方は，さらに上のレベルをめざしましょう。

第1章

泥臭く仕事する！学級づくりのアナログスキル

心構え
1年間の見通しを立てよう

12か月のおおよその見通しを春休みの段階で考えておくとよいでしょう。

4月　学級開き

1年で1番忙しく、1番重要な時期。1年間の学級経営の基礎が築かれます。4月に入ってから準備すると間に合わないので、前年度の3月から準備を進めておきましょう。別の章で4月にすることリストをまとめています。

5月　運動会シーズン

怒涛の4月が過ぎ、ゴールデンウィークが終わると運動会の練習が始まります。運動会は、学級集団を育てる絶好の機会です。ここで、学級の動きや雰囲気が変わります。表現運動担当になると、さらに忙しくなります。

6月　授業力が試される時期

運動会が終わり、6時間すべて担任の授業になります。初任者が最も苦労する時期です。毎日の教材研究が忙しくなり、学級が落ち着かなくなることもしばしばあります。国語や算数を要に「できる・わかる・楽しい」授業を心がけます。

7月　成績処理や通知表の時期

初めての成績処理や通知表の所見に苦労する時期です。所見は時間がかかるため、少しずつ進めておきます。84ページで所見を最速で終わらせるためのツールデータをプレゼントします。ツールを活用して、初年度を乗り越えましょう。

8月　ゆっくり働ける時期

　研修や事務仕事はありますが，毎日定時退勤できます。ここで2学期の準備をどれだけ進められるかによって，その後の多忙感が変わります。

9月　研究授業が多い時期

　初任者は研究授業の回数が多く，指導案作成が大変になるので，夏休み中に研究授業の指導案を完成させておきます。秋運動会の学校は，運動会の練習があります。

10月　見学旅行や修学旅行の時期

　単級の初任者の場合は，夏休みの間にしおりや見学旅行の準備を進めておきます。複数学級の場合は，学年主任が進めるので，手伝います。

11月　学級経営力と指導力が重要な時期

　子どもたちが担任や学級にも慣れ，中だるみする時期です。やんちゃな子が多い学級では，荒れる可能性があります。一つひとつの指導を「即時・一貫・徹底」で指導していきます。緩急のつけ方が大切になります。

12月　成績処理や通知表の時期

　2回目の成績処理や通知表の所見に苦労する時期です。1学期の所見とかぶらないように，子どもたちの見取りを適切に行います。

1月から3月　最後の学期

　3学期は，休みの日を除くと2か月程度で，他の学期と比べ圧倒的に短いです。全教科の授業が終わるよう計画的に授業を進めます。成績処理と通知表に加え，指導要録を書く時期でもあります。次年度の準備を進めておくことも大切です。

2 心構え
初任時代に知っておきたい3つのポイントをおさえよう

毎時間細かい計画は必要ない

初任者が1番大変な仕事は、授業です。そもそも毎日6時間の授業計画を細かく立てるのは不可能です。絶対に間に合いません。「1つか2つ活動内容を決めておき、それを行う」「めあてとまとめだけ決めておく」など、最低限にとどめる授業も出てきます。また、綿密な授業計画を立てた授業よりシンプルな構成の授業のほうがわかりやすい場合もあります。授業は1年目で完璧にするのではなく、積み重ねて上達させていくものと考えましょう。

全員に好かれる必要はない

「女の先生がよかった」「男の先生がよかった」「前の先生がよかった」「〇〇先生がよかった」など子どもから言われることがあります。しかし、このような言葉はどの先生でも言われることです。言われない先生は、全員に好かれているわけではなく、言わせない関係を築いているだけです。好かれることが目的にならないようにしましょう。

叱ると嫌われるわけではない

子どもを叱ると嫌われると考える初任者は少なくありません。過去に叱られた際に嫌な経験をしているためです。しかし、学級において子どもたちは必ずしも優しい先生が好きかというとそうでもありません。悪ふざけや騒いでいる子をそのままにしているほうが信頼を失います。優しさと甘さを混同してしまうと生徒指導がうまくいきません。叱り方は技術です。練習することで上達していきます。

心構え

3 初任時代に知っておきたい
4つの仕事術をおさえよう

教室巡回をする

　各教室を回ると学級の様子や掲示物，物の整理整頓の仕方など学ぶべきところがたくさん見つかります。また，教室環境を話題に他学級の先生に話しかける機会にもなります。初任者の間は自分自身を客観的に見る目を養います。他の学級と自分の学級を比較しながら良いところを真似していきます。

隙間時間に先の予習をする

　会議や研修までの待ち時間や休み時間などちょっとした時間に次の時間の授業内容に目を通しておきます。余裕がある際には，その教科の先のほうまで目を通しておくと授業の見通しが立てやすくなります。

時間を買う

　便利な教材や道具は，つくるよりも買ったほうが早いです。私は初任者のときに五色百人一首を買いました。人数分買ったので，1万円以上かかりましたが，10年間使用しているので十分に元はとれました。パソコンで文字を打って印刷してラミネートなどの方法もありますが，時間がかかります。

トラブル対応はスピード勝負

　トラブル対応は，基本的に対応の仕方よりもスピード勝負です。子ども同士のトラブルや保護者からの意見などの「報告・連絡・相談」はとにかく迅速に行いましょう。悩んだときは，主任や管理職にすぐ相談し，助言をもらいます。

4 心構え

1年間で最も大事な4月に大切なことをおさえよう

4月の学級経営で大切なこと

「黄金の3日間」という言葉にも代表されるように、4月に学級の基盤を固めることは非常に大切です。ただ、4月に決める内容は、レベルを上げ過ぎず、1年間継続できるものにします。教育書やSNSにつられて、ハードルを上げ過ぎると苦しくなります。

1日目

・就任式までは、職員室で1日の流れを確認しておきます。余裕があれば、次の日の準備を進めておきます。
・教科書の名前書きは、時間がかかるのでその場でせず、家で書かせるようにします。
・就任式や学級開きの自己紹介を決めておきます。学級開きでは、写真や動画を使う、クイズをするなどわかりやすく楽しめる工夫をします。
・1日目に大掃除があるので、掃除の分担を決めておきます。
・帰りの会では1日を振り返り、たくさんほめます。1日目は楽しさや期待感を抱かせるようにします。

2日目

・2日目には、掃除や給食、朝や帰りの会の進め方を学級活動で話します。
・当番活動について早めに決め、学級の仕事を分担します。当番を子どもたちに考えさせる方法もありますが、時間がかかります。1学期は、担任で当番を決め、子どもたちに選ばせることをおすすめします。

・6時間目は，他の時間の話が終わらなかったときのために総合や生活を入れておきます。総合や生活の１時間目は年間計画を示すだけにすると，時間に余裕ができます。

・授業よりも学級を動かすための活動を優先します。

3日目

・3日間の授業では，１時間分の内容を終わらせることよりも学習規律を整えることを優先します。

・１週間後には，授業参観や懇談会があるため，学級に掲示するめあてや書写，図工などの時間を設けます。

・3日間で１日の動き方を全員が理解できるようにします。

7日・30日

　7日間では，3日間で行った指導に対する子どもたちの行動を評価しながら7日間指導を継続します。さらに30日間は子どもへの指導をしつつ，保護者とも関わりを深めていきます。

1日目の例

7:30	勤務開始
8:30	職員会議
1時間目	就任式・始業式
10:00	物品移動(教科書)
2時間目	学活　学級開き①
3時間目	大掃除・入学式準備 下校
13:00	職員会議など
17:00	退勤

1日の流れや1～3時間目にすることをスケジュール帳にメモしておきましょう。緊張がほぐれます。

2日目の例

朝の会

1時間目	学活	学級開き②
2時間目	国語	単元１時間目
3時間目	算数	単元１時間目
4時間目	学活	当番決め
	給食・昼休み・掃除	
5時間目	体育	単元１時間目
6時間目	総合・生活	年間予定
	帰りの会	

2日目も1日目と同様に，朝の会から帰りの会までToDoリストを作成しておきます。2日目は，時間割にゆとりをもたせることが大切です。

3日目の例

朝の会

1時間目	算数	単元２時間目
2時間目	国語	単元２時間目
3時間目	学活	1学期のめあて
4時間目	学活	2日目の反省
	給食・昼休み・掃除	
5～	書写（硬筆）	
6時間目	〇年生の目標	
	帰りの会	

3日目にもゆっくりと話す時間を設けます。質問を聞いたり宿題の仕方を教えたりします。
時間割は，学年主任が決める場合もあります。その時は主任に従います。

4月初めには3つの準備をしておこう

年間行事を確認する

1年間の年間行事を見て，忙しそうな時期やわからない行事を把握しておきます。わからない行事がある場合には，その学校に長くいる先生か，教務の先生に質問をしにいきます。どの先生が行事に詳しいのかも把握しておきましょう。

学区（校区）を覚える

子どもたちの学区（校区）や通学路を確認しておきます。校区をパトロールする際や家庭訪問，問題が起きたときなどに役立ちます。遠足や見学旅行なども土地勘があると指導しやすくなります。学区の地図は，必ず学校にあります。教務や教頭に尋ねましょう。

教室の掲示

授業参観までに掲示を済ませておきます。事前に何をどのように掲示するか決めておきます。複数学級の場合は学年で揃えることもあります。

私が年度はじめに掲示するものとして，以下のようなものがあります。
・1学期の個人のめあて
・お知らせコーナー
・学級目標（5，6月に掲示する先生も多い）
・習字（間に合わない場合は無理しない）
・図工の作品（間に合わない場合は無理しない）
・係や当番の掲示（間に合わない場合は無理しない）

学級開きの話題で 1年間の方針を共有しよう

共有しておきたいテーマによって，学級開きで話す内容が決まります。

エジソンの話＝失敗を恐れない

　エジソンは何をした人か知っていますか。電球を発明した人です。エジソンのおかげで，みんなは夜でも明るく過ごすことができます。しかし，天才と呼ばれたエジソンですが，電球をつくるまで1万回も失敗しています。エジソンが途中であきらめていたら今でも夜は真っ暗かもしれませんね。みなさんにもエジソンに負けないくらい挑戦してほしいです。挑戦した先に成功があります。たくさん挑戦して，成長できる1年間にしてください。

学級通信の名前の由来＝先生の思い

　今年の学級通信名は「十人十色」です。人それぞれ好みや考えに違いがあります。だからこそ，他人と関わることが楽しいのです。みんなが同じだと楽しくありません。また，考えの違いからぶつかることもあります。ぶつかったときには，この言葉を思い出し，自分以外の考え方があることを思い出しましょう。みんな自分と同じ考えではありません。友達には友達の考え方があります。違いがあっても仲良くできる学級にしていきましょう。

願いを叶えるための話＝ポジティブな教室に

　「吐」という漢字を知っていますか。「吐く」は言葉を出すという意味もあります。「吐」の漢字には，口の隣に＋と－が書かれています。マイナスなことを言わなくなったとき，「吐」は「叶」の字に変わります。みなさんの願いを叶えるためにも言葉をマイナスからプラスに変化させましょう。

7

学級経営＆指導技術

語りで子どもを育てよう

その他，様々な語りを紹介します。

類は友を呼ぶ

「類は友を呼ぶ」とは，気の合う者同士は自然に寄り集まって仲間をつくるという意味です。自分が人をほめたり努力したりすると同じ考えの友達が増えます。逆にネガティブなことばかりすると周りもそうなります。

情けは人のためならず

「情けは人のためならず」とは，人に対して情け（思いやりなど）をかけておけば，巡り巡って自分に良い報いが返ってくるという言葉です。例えば，ＡさんがＢさんに親切をします。ＢさんはＡさんに親切にされたことで，喜びを感じます。するとＢさんは，真似をしたくなり，Ｃさんに親切にします。すると，Ｃさんも同じような気持ちになり，Ｄさんに親切にします。すると，Ｄさんは，Ａさんに親切にするのです。

いじりはいじめ

いじりは，場を盛り上げるために使われがちです。しかし，いじりという行為自体が相手を貶める行為です。場の空気を壊さないために相手が笑っていることもあります。いじりは「これくらいはいいだろう」と軽く見られがちです。その危険さがわかるクラスになりましょう。

容姿についての話

「顔が小さい」「鼻が高い」「体が細いね」「肌が白いね」は一般的に日本人

にとってはほめ言葉です。しかし，その言葉の裏には，肌の色が違う人や太っている人への差別や偏見が隠れています。ほめ言葉のつもりでも容姿に関わる言葉には気をつけるべきです。

リンカーンの話

「もし8時間，木を切る時間を与えられたら，そのうち6時間を私は斧を研ぐのに使うだろう」。このリンカーンの言葉は，準備に費やす時間がいかに重要であるかを伝えています。勉強とは，斧を研ぐことです。

天国と地獄のスプーン

長いスプーンで食事をする地獄の住人。自分のことしか考えない彼らは長すぎるスプーンのせいでスープを飲むことができません。しかし，天国ではまったく違います。天国ではお互いに飲ませ合うので，長いスプーンでも苦労しません。思いやりの大切さがわかりますね。

最初から得意なことはない

生まれたときから得意なことをもっている人はいません。生まれてからこれまで人より多く努力してきたことが，得意なことになっているのです。得意なことがないと嘆くのではなく，得意なことを今からつくるのです。何を得意にしていくかは自分次第です。

ノミのジャンプ

ノミは体長の200倍高く跳べるので，もしノミが人間の大きさになったら，東京タワーほどの高さまでジャンプができます。そんなジャンプ力のあるノミを瓶の中に閉じ込めて飼っていると，瓶の蓋の高さまでしか跳べなくなるそうです。毎日本気を出さずに過ごしているとそれが実力になってしまいます。「無理」「できない」と心に蓋をしていませんか。本当の実力があっても心に蓋をすると限界がそこになります。

8 学級を動かす指示のスキルをおさえよう

　先生は1日の中でたくさんの指示をします。指示が上達すると子どもたちの動きが変わります。指示力を早めに身に付けましょう。

指示は短く

　「ノートを出しましょう」「前を向きましょう」「名前を書きましょう」など，指示は短く簡潔にします。指示が長いと子どもたちが混乱します。指示したあとには，子どもたちの動きを確認します。

指示に数を入れる

　「ごみを10個拾いましょう」「1分以内に並びましょう」「3つ書きましょう」のように指示の中に数を入れます。数を入れることで指示が通りやすくなります。

途中で指示を変えない

　一度出した指示を途中で変更すると場が混乱します。指示を途中で変更しないで済むように見通しをもって指示をします。見通しがない指示を行うと，子どもたちの不信感につながります。

活動中に指示しない

　活動中に指示を出しても指示は通りません。活動前に指示を出してしまいます。途中で指示を入れたい場合は，必ず全員の動きを止めて，注目を集めるようにします。

指示の前に注目させる

　指示を出す前に全員の注目を集めます。全員と視線が合うまで指示は出しません。説明のときも同様です。

指示後にすぐほめる

　指示を出したあとに素早く反応している子どもをほめます。ほめることを通して正しい行動を価値づけしていきます。

伝えることは3つまで

　話す内容は3つまでに絞ります。5つ，6つと話しても覚えきれません。ポイントを絞ってできるだけ伝える数を減らします。

指示を繰り返さない

　指示や説明を何度も繰り返すと話を聞かなくなります。集中して一度で話を聞く習慣づけをします。話を聞いていない子どもが損をするようにします。

合図を決める

　合図を決めます。例えば，「集中」と言ったら，全員姿勢を正して前を向くと決めておきます。最初に行う際には，何度か練習します。

指示は徹底する

　指示を出した際には，指示通りに動くように徹底します。自分勝手を許すと指示を無視する子どもが出てきます。

指示を省略していく

　活動の見通しを先にもたせることで，指示なしでも動けるようにしていきます。年度はじめは細かい指示が必要になりますが，徐々に減らします。

⑨ 効果的なほめ方を おさえておこう

動かしてほめる

「〜を手伝って」とお願いをし、「○○さんありがとう」とほめます。ほめる場面をつくり出していくことでどの子もほめることができます。

その子自身の成長をほめる

継続した努力が実を結んだときには、力強くほめます。他の子と比べるのではなく、「漢字のテストで60点を超えるようになった」「縄跳びが初めて跳べた」などその子自身の成長をほめます。

先にほめる

「あなたたちなら素早く並べるよね。いつも行動が素早いからね」と事前にほめて動かします。できたときにはさらにほめ、できないときにはもう一度挑戦の機会を与えます。

周りからほめられるようにする

他の先生に出会うときに元気よくあいさつしたり、自分から「手伝います」と言ったりできるようにします。習慣づけをしていくことで、周りの先生からほめられる機会をつくり出します。

賞状でほめる

「あいさつ名人」「聞き方名人」「発表名人」など様々なミニ賞状を作成し、できた子どもに渡します。賞状を渡すとやる気が上がります。

学級経営＆指導技術

10 効果的な叱り方の３原則を おさえておこう

子どもを叱るときに大切なポイントは「即時・一貫・徹底」の３つです。初任の頃に先輩から教えてもらったことで，この３つは常に意識しています。

即時

即時は，叱る場面になったらその場で叱るということです。時間が経ってから叱ると効果が薄くなります。子どもたちが忘れている場合や，その場で叱らないと言い訳につながることもあります。問題行動を発見したらその場で指導することが基本です。

一貫

一貫は，先生の気持ちや気分で叱る基準を変えないことです。自分の中に明確な叱る基準をもち，その基準を超えたら叱ることを徹底します。同じことでも叱る日と叱らない日があると子どもたちは混乱するだけでなく，先生への不信感にもつながってしまいます。

徹底

徹底は，例外をつくらないことです。昨今は配慮すべき子どもや家庭が増え，徹底が難しくなってきました。だからこそ，徹底ができるかどうかで子どもたちの先生への信頼度が変わります。どの子に対しても同じように指導する先生は信頼が高まります。子どもや保護者が怖くて叱れない先生では，子どもは不信感を抱きます。

学級経営＆指導技術

11

朝の会・帰りの会の役割を明確にしよう

朝の会や帰りの会の役割とは？

　朝の会には「1日の予定を確認する」「家庭と学校のスイッチの切り替えのため」「その日の目標を明確にする」などの役割があります。帰りの会には「1日の振り返りをする」「次の日のことを見通す」などの役割があります。また，学校によっては，朝の会や帰りの会の時間に短時間の学習時間を設ける場合もあります。

　朝の会・帰りの会は，担任によってカラーが出ます。学級で何を大切にしているのか，どんな力を育てようとしているのかなど明確な目標をもって活動内容を決めます。以下と右ページに朝の会と帰りの会の内容を例示していますので，自分が大切にしたいことを考えてみましょう。

読書に親しませる

朝の会
① 朝のあいさつ
② 健康観察
③ <u>おすすめの本</u>
④ 先生の話

帰りの会
① はじめの言葉
② 係・当番の連絡
③ <u>読み聞かせ</u>
④ 先生の話

【参考】桔梗友行　編著『朝の会・帰りの会　基本とアイデア184』(ナツメ社, 2014)

学力充実

朝の会
①朝のあいさつ
②健康観察
③暗唱の時間
④先生の話

帰りの会
①はじめの言葉
②係・当番の連絡
③学習クイズ
④先生の話

絆を深める

朝の会
①朝のあいさつ
②あいさつまわり
③健康観察
④係・当番の連絡
⑤先生の話

帰りの会
①はじめの言葉
②雑談まわり
③発表（数人）
④先生の話

毎日楽しく

朝の会
①朝のあいさつ
②健康観察
③ゲーム・クイズ
④先生の話

帰りの会
①はじめの言葉
②係・当番の連絡
③1分間トーク
④先生の話
⑤じゃんけんで
　さようなら

元気に過ごそう

朝の会
①朝のあいさつ
②朝の歌
③健康観察
④先生の話

帰りの会
①はじめの言葉
②係・当番の連絡
③頑張ったこと
　紹介
④先生の話

自尊感情を高める

朝の会
①朝のあいさつ
②健康観察
③ほめるポイント
④先生の話

帰りの会
①はじめの言葉
②係・当番の連絡
③ほめ言葉の
　シャワー
④ビー玉貯金
⑤先生の話

話す力を高める

朝の会
①朝のあいさつ
②健康観察
③子ども新聞の
　紹介
④先生の話

帰りの会
①はじめの言葉
②係・当番の連絡
③1分間スピーチ
④先生の話

時間を大切に

朝の会
①朝のあいさつ
②健康観察
③宿題の確認
④先生の話

帰りの会
①はじめの言葉
②係・当番の連絡
③先生の話
④帰りのあいさつ

第一章　泥臭く仕事する！学級づくりのアナログスキル

12

学級経営＆指導技術

掃除指導の意図と方法を
明確にもとう

意図的な掃除場所

　子どもの実態によって掃除場所の得意不得意があります。１人の掃除場所なら集中して取り組める子ども，人が多い場所ならリーダーシップを発揮して掃除できる子どもなど，それぞれの個性があります。個性に応じて掃除場所を決めましょう。また，２週間以上は掃除場所を固定します。頻繁に掃除場所を変更すると落ち着いて掃除できるようになりません。

掃除の事前指導

　事前に掃除のポイントを伝えておきましょう。日頃の掃除の様子から反省点や気づきを伝え，頑張るポイントを示しておきます。頑張るポイントがわかっていれば，子どもたちも進んで取り組むことができます。週に１回以上はポイントを話しましょう。また，ゴミを前方に集めることで，教室の清掃具合が確認しやすく，後方にある子どもたちの棚を清潔に保つこともできます。

掃除の手順

　掃除の指導は１時間で一斉に行います。掃除場所が変わるたびに指導する必要がないように，掃除の手順を教える時間を設けます。

　以下は，掃除の手順の一例です。

①ほうきで掃く（掃き方も教える）。

②ほうきで掃いたところから雑巾で拭く。

③雑巾で拭いたところからほうきの人が机を引く。

④雑巾が終わった人から机を引く。

⑤雑巾の人が机を引いている間にほうきの人が掃く。

⑥雑巾の人が拭いている間にゴミを集める。

⑦机を並べる。

⑧床が終わったら，棚，黒板，窓を拭いたり整理したりする。

⑨掃除の反省会を行う。

掃除の確認

　掃除の確認を定期的に行います。掃除場所を回りながら声かけをしていきます。掃除がよくできているときにはほめ，できていないときには方法を教えます。わざと掃除をしていない場合にはきちんと叱り，真面目に取り組んでいる子の気持ちを大切にします。叱らない指導では，真面目にしている子が不愉快になります。子ども目線で見ると，不真面目な子に指導してくれる先生のほうが頼もしいです。

掃除でのグループ活動

　掃除場所ごとに班活動を行います。班で掃除の仕方やお互いの頑張り，反省を話し合います。掃除の開始時には，班長より掃除のめあてを発表し，終了時には振り返りを行います。話し合いの様子も定期的に確認し，声をかけていきましょう。掃除のポイントは担任が掃除を見て，評価することです。誰からも評価されなくなると掃除の意欲が低下します。

掃除コンテスト

　班ごとに掃除を競い合う掃除コンテストを実施します。掃除のポイント（①無言で②すみずみまで③時間いっぱい④手順を考えて）を紹介し，どこの班が最も頑張っているか競います。賞状を準備しておいて，競ったりゲーム形式にしたりすると子どもたちの意欲が湧きます。学期に１，２回程度実施します。

13 給食指導の意図と方法を明確にもとう

学級経営＆指導技術

着替え方

　エプロンは，汚れがつくとエプロンの意味がなくなるため，床につけずにたたませます。髪は帽子に入れます。髪が長い子は衛生のために髪を結ばせます。着替える前にトイレに行かせ，エプロン姿のままトイレに行くことがないようにします。低学年に限らず，全学年で年度はじめに確認します。

手洗い

　①手のひら②手の甲③指の間④指先⑤手首のように手洗いの仕方について指導します。お手本を見せるとわかりやすいです。

台拭き

　四隅の方まで確実に拭くようにお手本を見せます。定期的に拭き方を確認し，アドバイスをします。終わったあとの布巾の洗い方や干し方も確認しておきます。

盛りつけ方

　年度はじめには，盛りつけのお手本を見せます。ご飯はおさえつけないことやおたまの持ち方，お皿の置く位置など様子を見ながら指導します。

食器の並べ方

　ご飯は手前の左，大きいおかずは手前の右，箸やスプーンは持ち手が右（左利きは逆），牛乳は右奥のように正しい置き方を教えます。

おかわり

人数を把握したあとにじゃんけんで決めます。人数が多い場合は，先生とまとめてじゃんけんします。1人1回までなどのルールも決めておきます。

食べる順番

牛乳を最初に開けます。喉に物が詰まったときに流せるようにするためです。栄養面を考え，果物は最後にします。主食を先に食べさせます。

時間配分

食べる時間は，20分〜25分ほどです。どうしても時間内に食べきることが難しい子は先に食べ始め，終わりに間に合わせるようにします。

マナー

「口を開けて食べない」「口いっぱいに入れない」「音を立ててスープを飲まない」「ストローを噛まない」などのマナーは定期的に子どもに教えます。

片付けの方法

「おわんに野菜や米を残さない」「牛乳は飲みきる」「汁は飲みきる」などの指導をし，片付ける側や洗う側の立場を考えられるようにします。

食べこぼし

片付けの際におぼんや机に食べこぼしがある場合は，必ずティッシュで綺麗に片付けさせるようにします。何度か指導し，継続させます。

食べ残し

栄養面，命を粗末にしない，つくってくれた・関わった人への感謝の気持ちを考えさせます。食べ残しをできる限り少なくするように声をかけます。

14 学級経営＆指導技術

当番活動や係活動の例を知っておこう

当番活動と係活動の違いを理解する

　当番活動は，学級の生活を円滑にするために必要な仕事です。毎日誰かがしなければいけない仕事になります。一方で，係活動は学級を子どもたちがより主体的に豊かにしていく活動です。子どもたちが学級を楽しくなるように創意工夫する活動になります。

　この違いを明確にしながら当番活動や係活動を決めます。当番活動は，学級に必要な仕事になるので，1日の活動を想定しながら先生主体で考えます。子どもたちに考えさせる方法もありますが，年度はじめに行うと時間がかかります。一方で，係活動は子どもたちの創意工夫を十分に引き出すために子どもたち主体で考えます。

当番活動例一覧

- 黒板消し当番
- 体育当番
- 保健当番
- 時間割当番
- 窓当番
- 電気当番
- 配付当番
- 本返却確認当番
- 掲示当番
- 朝の歌当番

係活動例一覧

- お笑い係
- 遊び係
- かざり係
  （掲示とは別）
- 音楽係
- 生き物係
- 新聞係
- お誕生日係
- お悩み相談係
- お助け係
- ニュース係
- お祝い係
- まんが係

- 勉強を教える係
- ポスター係
- 手品係
- ランキング係
- ギネス係
- 動画係
- ICT係
- 読書係
- 占い係
- 英語係
- クイズ係
- ダンス係

第一章　泥臭く仕事する！学級づくりのアナログスキル

15 学級経営＆指導技術

適切な「タイミング」を
おさえよう

生徒指導は未然防止を積極的にする

　生徒指導には，トラブルがあった際に指導する消極的指導とトラブルが起こる前に行う積極的指導があります。できるだけ積極的指導を行うよう心がけます。積極的指導で事前に学級で起きやすいトラブルを話すことでトラブルを防止できます。事前に話すには経験が必要ですが，初任者は経験が少ないため，その状況でもできる事前指導（読み聞かせによる指導）を42〜43ページで紹介しています。

観察力を磨く

　積極的指導を行う場合には，子どもたちの様子を細かく見取ることが必要です。朝から靴箱の靴が並んでいるか，教室に入る際にあいさつをしているか，朝の準備を行えていたか，提出物を出せていたか，友達への話し方はどうかなど，学級で大切にしていきたいことができているかを常に観察します。気づかなければ，そもそも指導ができません。指導のタイミングは，朝の会，昼休み前，帰りの会です。〇〇のように成長してほしいと願いを語ります。

電話連絡のタイミング

　トラブルがあった際に保護者に連絡する際には，できる限り午前中に行います。放課後に連絡をしてしまうと，保護者が電話に出ない場合は，折り返しの連絡が定時を過ぎたり次の日になったりします。生徒指導は，スピードが大事です。早期発見・早期対応が基本になるので，素早く対応します。慣れないうちは，主任や管理職に相談するようにします。

16 学級づくりネタ

かるた学習で学級経営の土台づくりをしよう

おすすめのかるた学習

　かるた学習は，初任や若手の教師にとって強力な味方になります。かるたと聞くと「古い」「昔の遊び」と思う方もいるかもしれませんが，ＡＩやＩＣＴなどのデジタル技術が好きな私からもおすすめしたい学習方法です。かるたは学級経営に非常に効果的です。その理由は，「ルールを守る」「話を黙って最後まで聞く」「子ども同士の交流を促す」という学級経営の重要な３つの要素を同時に育てることができるからです。

　かるたは子どもたちにとって遊びであり，だからこそ積極的に取り組むことができます。学級全員分のかるたを購入するのは多少の出費になりますが，その効果は十分に見込めます。おすすめのかるたを紹介しますので，初任の方や学級経営に悩んでいる方はぜひ試してみてください。

【おすすめのかるた】

・百人一首

・五色ソーシャルスキルかるた

・るるぶ　歴史人物かるた

・るるぶ　はじめての英語かるた

・るるぶ　都道府県いちばんかるた

・るるぶ　国旗と世界の国かるた

・学習版　日本の歴史人物かるた NEW

※安く揃えたい場合は，100円ショップのかるたがおすすめです。

第一章　泥臭く仕事する！学級づくりのアナログスキル

17 学級づくりネタ
読み聞かせで落ち着いたクラスをつくろう①

本好きの先生がいるのは最高の環境

　大人になったときに仕事ができる人の多くは「読書家」です。読書家の人は常に情報をインプットする習慣が身に付いています。同様に学習ができる子の多くは，読書習慣が身に付いています。

　読書が好きな子が多い学級は，落ち着きがあります。読書好きな学級は時間があれば読書をするので，学級が荒れません。

　読書好きな学級にするためには，先生が読書を楽しむことです。先生が好きな本を子どもたちに紹介することで，本への関心が高まります。おすすめの本は，『365のみじかいお話』です。一つひとつの話が短く，読み聞かせに最適です。先生自身が面白いと思った話を子どもたちに読み聞かせましょう。

【おすすめの本】
・『子どもが眠るまえに読んであげたい　365のみじかいお話』（監修：田島信元／永岡書店／2011）
・『1日1ページで身につく　教養として知っておきたい　世の中を変えた偉人365』（監修：和田孫博／ＳＢクリエイティブ／2021）
・『考える力を育てるお話366　名作・伝記から自然のふしぎまで』（編集：ＰＨＰ研究所／2012）
・『1話5分！小学生のうちに読んでおきたい名作101』（監修：齋藤孝／日本図書センター／2020）
・『なぜ？　どうして？　ふしぎ366』（編集：主婦の友社／2018）

18 学級づくりネタ
読み聞かせで落ち着いたクラスをつくろう②

読み聞かせで事前にトラブル防止

　『クレヨンしんちゃんの友だちづきあいに大切なこと』『あたりまえだけど，とても大切なこと』の2冊は，学級経営をしていく上で大切なことが書かれており，読み聞かせにおすすめです。子どもたちがケンカやトラブルを起こすだいたいの原因は，「知らない」「経験していない」ためです。読み聞かせを通して事前にケンカやトラブルになることの原因を伝えておくことで，トラブルを防止することができます。

　この2冊を1学期中に毎日1，2ページずつ読み聞かせをしておくと学級での友達トラブルや問題行動を抑止することができます。読み聞かせをする際には，先生のエピソードを交えるとさらに効果的です。

【おすすめの本】
・『先生は教えてくれない！クレヨンしんちゃんの友だちづきあいに大切なこと』（原作：臼井儀人　まんが：高田ミレイ／双葉社／2017）
・『あたりまえだけど，とても大切なこと　子どものためのルールブック』（著：ロン・クラーク　訳：亀井よし子／草思社／2004）
・『子どもと読む　おはなしのくすり箱』（著：コルネリア・ニッチュ／ＰＨＰ研究所／2001）
・『そのままでいい』（著：田口久人／ディスカヴァー・トゥエンティワン／2017）
・『きっと明日はいい日になる』（著：田口久人／ＰＨＰ研究所／2018）

第一章　泥臭く仕事する！学級づくりのアナログスキル

19 学級づくりネタ

読み聞かせ動画を活用してみよう

動画でも読書と同じ効果が

　読書は必ず本でなければいけないということではありません。NHK for School にも読み聞かせの動画がたくさんあります。本を読むのが苦手な学級の場合は，NHK for School の動画も活用しながら読み聞かせに慣れさせていくと読書にスムーズに移行できます。

　さらに，NHK for School には，読み聞かせだけではなく，コミュニケーションスキルを高める動画や体育のお手本の動画，いじめを防止する動画，プログラミングの動画などがあり，幅広く学習できます。NHK for School の番組一覧を確認し，学級で見せたいプレイリストを作成しておきます。空き時間や急な自習にも対応できるので，とても便利です。

【引用】NHK for Schoolより　（2024年11月29日時点のページ）
https://www.nhk.or.jp/school/keyword/?kw=%E8%AA%AD%E3%81%BF%E8%81%9E%E3%81%8B%E3%81%9B&cat=all&from=1

044

心理学の知識が教育効果につながる

　教育現場で子どもたちの成長を促すためには，心理学の知識が役立ちます。心理学を指導に取り入れることで，教育効果を高めることができます。

　ここでは，初任の先生方に知ってほしい３つの心理学の理論や心理効果をご紹介します。

(1)割れ窓理論

　割れ窓理論は，小さな問題や乱れを放置すると，それが連鎖的に大きな問題へと発展するという考え方です。例えば，教室で１人の子どもが規則を破っている行動を見過ごすと，他の子どもも「この程度なら許される」と思い，同じような行動を取る可能性があります。これを防ぐためには，小さなトラブルでも早期に対処し，学級全体の規律を維持することが重要です。

(2)ピグマリオン効果

　ピグマリオン効果は，人が他者からの期待に応えて行動する傾向を示す心理現象です。先生が子どもに高い期待をもち，ポジティブな言葉かけを続けることで，子どもは自己効力感を高め，その期待に応えようと努力します。

(3)ザイオンス効果

　ザイオンス効果（単純接触効果）は，特定の人物や物事に頻繁に接することで，その対象に対して好意や親近感を抱きやすくなる現象です。日常的なあいさつや声かけ，個別のコミュニケーションを大切にすることで，子どもとの信頼関係を深めることができます。これにより，子どもは安心して学習に取り組むことができ，学級の雰囲気も良くなります。

21 学級づくりネタ

1分間トークで子どもたち同士の関係をつくろう

1分間トークとは？

　1分間トークを定期的に行うことで学級の仲が確実に深まります。方法は簡単で，①席をランダムにする（アプリで行うと簡単）②席の前後でペアを組む（3人もあり）③先生がお題を出す④お題について1分間話す⑤列をずらして別の人と1分間トークを行う⑥繰り返すだけです。このように定期的に1分間トークを行います。子どもたちが不仲になる原因の多くは，コミュニケーション不足です。先生が子どもたちにコミュニケーションの場を定期的に提供することで，子ども同士のコミュニケーションの時間を確保します。ザイオンス効果も期待できるため，男女仲の良い学級になります。お題は，ChatGPTなどのAIにつくらせるか，シャベリカを活用します。

シャベリカ

製造元／株式会社教育同人社
企画・制作／株式会社アソビジ
デザイン／株式会社クラウドボックス

ChatGPTに話題を考えさせる

子ども同士で1分間話すための話題を考えて。例えば、辛い料理と甘い料理はどっちが好き？このようなお題を20こ考えて。

こちらに、子どもたちが楽しめる話題を20個挙げてみますね：

1. もし宇宙旅行に行けるなら、どの惑星に行ってみたい？
2. もしペットを一匹だけ飼えるとしたら、何を飼いたい？
3. もし一日だけお菓子だけを食べても良いとしたら、何を食べる？
4. もし自分が探検家になれるなら、どんな場所を探検したい？
5. もし一日中雨だったら、どんなことをして過ごす？
6. もし自分の家が動く車になったら、どこに行ってみたい？

046

１分間トークの話題
QRコードからデータダウンロード可

学級で楽しむ話題集
130の話題

今日の給食で一番
おいしかったものは？

映画やテレビで見た
お気に入りの
シーンは？

もしタイムマシンが
あったらどの時代に
行きたい？

自分の部屋にある
お気に入りの
ものは？

もし自分が先生
だったらどんな授業を
したい？

もし１日だけ
スーパーパワーを
もてるなら？

夢の中での不思議な
体験は？

第１章　泥臭く仕事する！学級づくりのアナログスキル

22 学級づくりネタ

ビーズクッションでコミュニケーションをとろう

遊びながら会話術を上げる①

　100円ショップに売っているビーズクッションを使ってコミュニケーションの練習を定期的に行います。方法は簡単です。ビーズクッションでキャッチボールをしながら会話を進めます。先生「週末は何をしましたか」ビーズクッションを投げる。子ども「週末は，サッカーの練習をしました」投げ返す。先生「誰としましたか」子ども「お父さんです」先生「どんな練習をしましたか」…のような形です。小学生同士の会話は，一方的に話すだけで，会話になっていないことが多々あります。このように先生と子どもの会話の仕方を見せ，会話のキャッチボールを教えます。先生と子どものコミュニケーションを増やすこともできます。

23 学級づくりネタ

アイテムで子ども同士をつなげよう

遊びながら会話術を上げる②

　関係を深めながら，コミュニケーションや会話，話し合いの基本を身に付けられるようなアイテムを学級に用意しておくとよいでしょう。例えば市販のものだと以下のようなゲームがあります。

(1) ジェスチャーゲーム（株式会社ビバリー）

　カードに書かれたお題をジェスチャーのみで伝えます。学級を2，3チームに分け，それぞれのチームから代表者を2人選び前に出します。2分間でジェスチャーを行い，多く正解できたチームの勝ちです。

(2) カタカナーシ

　カードに書かれたお題をカタカナなしで伝えます。こちらも学級を2，3チームに分け，2分間でお題を表現し，多く正解できたチームの勝ちです。

(3) はぁって言うゲーム

　学級で盛り上がること間違いなしのカードゲームです。代表の子どもがお題のテーマを表現します。他の子は，出題されたお題を当てます。先生がお手本を見せると盛り上がります。

(4) 五色ソーシャルスキルかるた

　かるたで遊びながら子どもたちのソーシャルスキルを身に付けさせることができます。特に低・中学年におすすめです。

(5) おいしいジェスチャーゲーム　パクモグ

　手番の人はお題となる食べ物が書かれた札を，読む代わりに「食べる」ふりをして，他のプレイヤーは正しい札を当てるゲームです。

24 授業づくり

授業開きで伝えておきたいことをおさえよう

板書計画

4月は一斉授業で進めるため、板書計画を立てておきましょう。各教科の授業の流れを決めておくと見通しをもちやすいです。

授業展開

指示や発問、ノートの書き方、タブレットの使い方、号令の有無など授業の流れをイメージしておきます。

話の聞き方

号令後に姿勢を正せているか、人が話し始めたときに顔を上げているか、人が話している途中に私語がないか、話す人の方に体を向けているかなどを確認し、できている子はほめ、できていない場合は指導します。

発表の仕方

名前を呼んだら返事をする、始めに「発表します」などのセリフで周りの聞く姿勢を整える、発表の終わりに「どうですか」などの呼びかけを入れるなど発表の仕方を事前に決めておきます。

話し合いの仕方

ペアやグループで話し合いを行う際には、「話し合いましょう」の指示だけではなく、担任が最初に1人2役でお手本を見せ、具体的な方法を伝えます。4月は特に丁寧に話し合いの仕方を教えます。

25 授業づくり

授業で使える指名の仕方を知ろう

指名の種類

指名の種類を多く知っておくことで，授業に変化をつけることができます。挙手をする子が少ない場合には，アプリやくじ引きを使ってランダムで当てる方法もあります。また，最初から列で当てる，班から1人が発表する，全員発表するなど決めておくと挙手も必要ありません。さらに，意図的な指名として，ノートによく書けている子を当てたり，話し合いが盛り上がっている班を指名したりする方法もあります。子どもたちの自主性を尊重する場合は，指の数で1から5の自信度を表す自信度指名や，発表したい子はその場で立って順番に発表していく無指名などの方法，笑いを入れたい場合は，神様の言う通り指名や目が合った子を指名する方法もよいでしょう。

指名の仕方

① アプリランダム指名
② くじ引き指名
③ 列あて指名
④ 自信度指名
⑤ 班代表指名
⑥ ノート指名
⑦ 神様の言う通り指名
⑧ 友達指名
⑨ 無指名
⑩ 盛り上がっている人指名
⑪ 推薦指名
⑫ 全員指名
⑬ 目が合った人指名
⑭ わかった人から耳打ち

【参考】垣内幸太　著『笑顔で全員参加の授業！ただただおもしろい指名の方法48手』（明治図書，2018）

第1章　泥臭く仕事する！学級づくりのアナログスキル

26 授業づくり
発表者を増やす7つの方法をおさえよう

発表の大切さを伝える

　発表することには多くの意義があります。まず，発表を通じて話すことで，学んだ内容が記憶に残りやすくなります。自分の言葉で表現することで，頭の中で整理され，理解が深まるのです。また，話すこと自体の練習となり，徐々に話す力が身に付きます。この力は，日常生活や将来の社会生活で非常に役立ちます。

発表しやすい発問にする

　発表がしやすくなるように，まずは1問1答の形式で質問を行います。これにより，答えが絞りやすくなり，子どもたちが自信をもって発表に臨めます。次に，2択や3択の質問を用いることで，選択肢が限られ，子どもたちが答えやすくなります。さらに，発表の仕方を具体的に例示することも重要です。先生が発表の例を示すことで，子どもたちはその方法を参考にして自分の発表を組み立てやすくなります。

教室の環境を整える

　発表しても「恥をかかない」「馬鹿にされない」「笑われない」「からかわれない」「いじられない」「励ましてもらえる」「フォローしてもらえる」のように安心して発表できる環境づくりが必要です。また，発表することで「ほめられる」「認められる」「勇気づけられる」「感謝される」「成長する」「得をする」というプラスの要因を与える必要があります。

日々の積み重ねを大切にする

　発表を増やすために，多くの先生が様々な取り組みをされます。しかし，多くの学級では，挙手する人数が少ないです。これは，継続力が足りないためです。日々，発表を意識させながら取り組む必要があります。たまにではなく，毎日の継続力です。日々の努力に勝るものはありません。

先生自身が発表する

　「教育の最大の環境は教師自身」とよくいわれます。子どもたちは，身の回りの大人を見て，成長していきます。先生の雰囲気や態度，行動，生き方，考え方は，子どもたちに大きく影響します。「学びに向かう姿勢」「発表への意欲」「参加する態度」などは先生の空気感から子どもたちに伝わります。つまり，研修会や協議会，会議などで先生自身が発表しているかどうかです。先生自身が発表していない状態では，子どもたちに働きかけにくくなります。

発表の練習をする

　発表をさせる前に，全員に席を立たせ，発表の練習をする時間を設けます。発表内容をタブレットやパソコンで録画して練習する方法もあります。挙手だけにすると挙手をしない子は発表する機会がありません。定期的に全員に発表させる場を設けることも発表力向上につながります。

発表の仕方を工夫する

　発表前には，発表の準備をする時間を設けることが大切です。これにより，子どもたちは自信をもって発表に臨めます。発表前に考える時間を設けたり，発表内容を一度書かせたりすることで，考えを整理しやすくなります。さらに，ペアで確認し合うことで，相互に意見を磨き合い，発表の質を高めることができます。

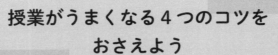

授業がうまくなる4つのコツをおさえよう

声を出す

声を出す場面を設けることで学級の活気と授業の集中力が高まります。「めあてを読む」「教科書を読む」「キーワードを繰り返し言う」など，授業の中で声を出せる機会を増やします。

動きを入れる

「立つ」「座る」「歩く」「振り向く」「前に出る」「前後でメンバーを入れ替える」「列を入れ替える」などの動きを取り入れ，自分の席に座らせたままの授業をしません。座らせて集中させるときと動きを入れるときでメリハリをつけます。

全員に視線を送る

授業中は常に全員を視界に入れます。先生が全員に視線を送ることで，子どもたちの意識を先生に向けることができます。先生が子どもたちを見ていない学級は，子どもたちも先生を見なくなります。授業の流れや板書に集中しすぎないようにします。

時間を守る

授業の始めと終わりの時間を徹底して守ります。そのためには，時間管理の意識が必要になるので，見通しをもちながら，こまめに時間を確認します。時間は，子どもたちにも守らせますが，それ以上に先生が徹底します。授業が終わらなかったとしてもチャイムが鳴ったらその場で授業をやめます。

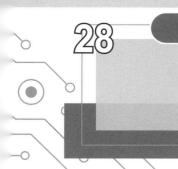

28 授業づくり
教科別の板書の例を知っておこう

板書の型を決めておく

　教科ごとに板書の型を決めておきます。板書の流れを一定にすることで子どもたちがノートを取りやすくなります。特に1学期は，授業が安定するまでは，授業の流れを固定します。

　2学期以降は，授業の流れにも変化をつけながら進めます。1年間授業の流れを固定すると子どもたちが飽きてしまうためです。いきなりではなく，徐々に変化をつけるとよいでしょう。

　さらに，今の時代は必ず板書をしなければいけないわけではありません。デジタルで板書を行う方法もありますし，スライドで授業を進めることもあります。板書だけにこだわらず，様々な授業形態を試します。

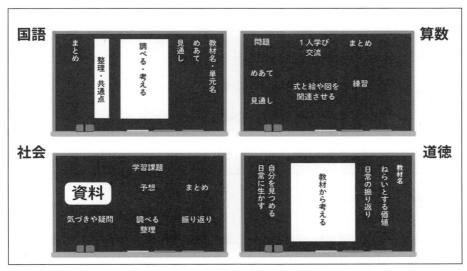

29 授業づくり
板書の種類とコツをおさえておこう

板書の創意工夫

　板書の仕方にも様々な種類があります。縦書きや横書き，思考ツールでまとめたもの，イラスト，短冊，吹き出しなど創意工夫をすることで，よりわかりやすい板書になります。教室では，定期的に一番後ろの席から黒板を見て，わかりやすいかどうかを確認します。また，写真で記録していくことで，次の時間の復習として確認したり，同学年で再び授業をする際の参考にしたりできます。

　さらにデジタル板書であれば，写真や動画も簡単に挿入することができます。オンラインに対応する場合や子どもたちのタブレットに画面を映したい場合には，デジタル板書がおすすめです。

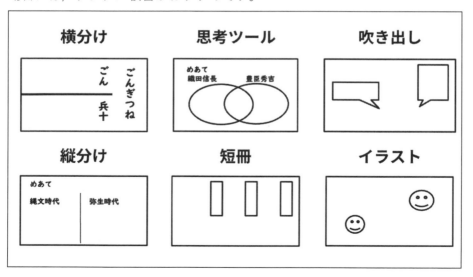

板書のコツ７選

① ひらがなを練習する

文章を書くときの文字の７割はひらがなと言われています。ひらがなの46文字を綺麗に書ければ、板書も綺麗になります。

② まっすぐ書く

右上がりや右下がりのように文字が傾いていると汚く見えます。黒板に線が入っている場合は、その線に沿って文字を書きましょう。

③ 字間や中心を揃える

１文字ずつの綺麗さより全体のバランスの方が文字は大切です。字間や行の中心を揃えて書くようにしましょう。

④ 漢字は大きく ひらがなは小さく

画数の多い字は大きめに、画数の少ない字は小さめに書くことでバランスが整って見えます。

⑤ よく使う言葉を練習する

よく使う言葉
・めあて　・まとめ　・大切　・問題　・ふりかえり　・連絡

⑥ チョーク選び

かためのチョークは線のメリハリがつけやすく書きやすいです。チョークを選ぶ際には、かためのものを選びましょう。

⑦ チョーク色使いのルール

白チョーク　　基本。文字や枠、図などに使用します。
黄チョーク　　重要な語句、線や囲みに使用します。
赤チョーク　　線や囲み、傍線などに使用します。
青チョーク　　水を表すなど、イラストに使用します。

【参考】樋口咲子・青山由紀 著『板書 きれいで読みやすい字を書くコツ』（ナツメ社，2013）

30 授業づくり
ペアやグループの交流を深める技を知ろう

会話の基礎を教える

　ペアやグループで話し合う際には，どのように会話を進めるのかを教えます。1つのペアやグループを前に立たせ，全員で確認しながら話し合いを行います。口頭での説明だけではなく，実際に取り組むことが重要です。

おうむ返しの技

　会話の基本の「おうむ返し」を教えます。

A　私は，○○と思います。
B　なるほど，○○と思うんですね。
A　理由は，△△だからです。
B　理由は，△△だからですね。

　すべてに「おうむ返し」する必要はありませんが，おうむ返しがあると話をしているほうも話を聞いているほうも集中力が高まります。あいづちや相手の目を見ることも併せて教えます。

「どうして？」の技

　会話の基本の「どうして？」を教えます。

A　私は，○○と思います。
B　○○と思うんですね。どうしてですか？

A　理由は，△△だからです。
B　理由は，△△だからですね。

　ペアやグループの話し合いの中でわかりにくい場面では，「どうして？」を使い，話を広げたり深めたりしていきます。

「比較」の技

会話の基本の「比較」の技を教えます。

A　私は，○○と思います。理由は，□□だからです。
B　Aさんは，○○と思うのですね。私は，△△と思います。理由は，■■だからです。□□は同じで，▲▲のところは違いますね。

　話し合いをまとめていく際には，同じところと違うところをまとめる必要があります。「比較」を意識させることで，グループでの話し合いの質を高めることができます。

話し合いの深め方

　毎時間はできませんが，時間がある際には，代表の１グループに話し合いをさせ，他のグループは話し合いの様子を参観します。参観後に話し合いの良かったところと改善するところを出し合います。意見を踏まえて，２つ目のグループが代表で話し合いをします。これを繰り返すことにより，話し合いの仕方の習熟度を高めていきます。
　言葉だけの説明ではなく，実際に体験することが話し合い上達のコツです。子どもたちもわかった気になっているだけで理解できていないことが多いため，話し合いを体験させながら助言していきます。

【参考】NHK for School「お伝と伝じろう」

授業づくり

31 評価の方法や内容をおさえよう

形成的評価と総括的評価

評価には，形成的評価と総括的評価があります。形成的評価は学習途中の評価であり，学習や授業の改善をするための評価で，成績をつけるためのものとは捉えません。総括的評価とは，学習の終わりに行う評価であり，その単元でどれだけ学習が身に付いているかを確認するものです。こちらの評価は，成績をつけるために使用されることが一般的です。

評価の具体

全教科「主体的に学習に取り組む態度」「知識・技能」「思考・判断・表現」の３観点で評価します。主体的に学習に取り組む態度は，「学習への粘り強さ」と「自己調整能力」の２つで評価をします。簡単に説明すると「あきらめずに学習している」「自分で学習方法を工夫しながら取り組んでいる」ことです。知識・技能は，「漢字を知っている」「計算ができる」などの基本的な学習内容を習熟しているかどうかです。そして，思考・判断・表現は，知識や技能を活用してさらに学習を深めていることを評価します。

評価方法

評価の大部分は，単元テストになります。他に，パフォーマンス課題，授業での発言内容，ノートやワークシートの思考過程，実技テストなどがあり，テストと日頃の授業を合わせて評価を行います。初めて評価を行う場合には，主任に尋ねながら進めていくとよいでしょう。

32 日常業務の基本

引き出しは常に整理整頓しよう

整理整頓の極意は「捨てる」こと

学校では，職員会議のたびに大量の書類やデータが配付されます。配付された直後から分類を開始します。一読すればいいものは，読んだら処分。保存しておくものは，可能な限り写真やPDFにしてデジタル保存します。デジタルデータで配付されたものはそのままデジタルで保存します。仕事効率を高めるためには，紙をできる限り持たないようにします。紙が増えてきた場合は，仕事が回っていないので，整理整頓の時間を設けて紙を減らしましょう。情報量が増えると仕事効率がどんどん下がります。とはいえ，紙で保存しなければいけないものもあります。その場合は，職員机の下の段にファイルを縦置きで収納します。

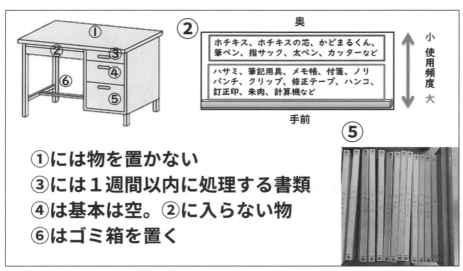

33 日常業務の基本

メリハリをつけて仕事をしよう

定時退勤は春・夏・冬休みの過ごし方が鍵

　教員の仕事は1年間を通して，授業日と授業日以外では，仕事量に大きく差があります。そのため，授業がない長期休みにどれだけ仕事を進められるかで，忙しさが変わります。

　特に仕事に時間がかかるものは，教材づくり，研究授業，運動会や学習発表会などの行事の計画づくり，見学旅行や集団宿泊の準備，卒業式の準備，成績処理などです。このような仕事は，できるだけ長期休みの間に進めておきます。教材づくりでは，教材が必要にならない展開もできるだけ考えておき，メリハリをつけるようにします。成績処理では，どの単元のどこで成績をつけるのかを事前に決めておきましょう。

忙しい時期を予測し
忙しくない時期に仕事を進めておく
仕事の量をなだらかにする

34 日常業務の基本
電話対応の基礎基本をおさえよう

意外と誰も教えてくれない電話の受け方の基本を紹介します。

電話の受け方

①電話は3コール以内に取る

②明るく張りのある声で受ける
・3コール以内 「はい。○○小学校の○○です」
・4コール以上 「お待たせしました。○○小学校の○○です」

③相手を確認する
・相手が名乗った場合
　「○年○組の○○さんですね。いつもお世話になります」
※「いつもお世話になります」を入れることで，メモを取る余裕もできます。
・相手が名乗らない場合
　「恐れ入りますが，お名前を教えていただけますか」
・名前を聞き取れない場合
　「申し訳ございません。少々電話が遠いようです。お名前をもう一度お伺いしてもよろしいでしょうか」

④他の教職員への電話の場合
　「佐藤校長ですね。すぐにおつなぎします。少々お待ちください」
※校長や教頭であっても身内のため先生などの敬称はつけません。

⑤教職員につなぐ間
　保留ボタンを押し，会話が聞こえないようにします。

⑥他の教職員が電話に出られない場合
　「申し訳ございません。○○は会議（授業）をしております」

「申し訳ございません。○○は他の電話に出ております」

「申し訳ございません。○○は席を離れております」

⑦電話に出られない場合の対応（⑥の続き）

「お急ぎでしょうか」

・急ぎの場合

「承知しました。今すぐ本人に伝えます。そのままでお待ちください。（保留ボタン）」

・急ぎではない場合

「○○が戻り次第，こちらからご連絡を差し上げるよう申し伝えます。念のため，ご連絡先をお伺いできますか」

⑧受話器を置く

相手が電話を切ってから，手でフックを押して電話を切ります。「ガチャッ」という音が相手に聞こえないようにします。

状況ごとの電話の受け方

【問い合わせに関すること】

・自分で答えられる場合

「入学式の終了時刻ですね。○時○分に終了します」

・自分で答えられず，近くに聞ける人がいる場合

「今すぐお調べしますので，少々お待ちください」

・自分で答えられず，近くに聞ける人もいない場合

「今すぐお調べしますので，少々お時間をいただけますでしょうか。折り返しこちらからお電話を差し上げます。恐れ入りますが，ご連絡先をお伺いできますか」

【個人情報に関わる電話】

「個人情報に関わることですので，お答えできません」

保護者への電話のかけ方

①第一声は学校名，所属，名前を名乗る

・自宅に電話をする場合

「こんにちは。〇〇小学校〇年〇組担任の〇〇です。いつもお世話になっております」

・職場に電話をする場合

「おはようございます（ＡＭ10時30分まで）。〇〇小学校〇年〇組担任の〇〇です。お仕事中，恐れ入ります」

②職場で取り次ぎを依頼する

「そちらにお勤めの〇〇様をお願いいたします」

③相手の都合を聞く

「〇〇のことでお電話しました。今はご都合いかがでしょうか」

「〇〇さんのことでお電話しました。今，お話させていただいてもよろしいでしょうか」

電話で使えるクッション言葉

　依頼をする際や断る際にクッション言葉を入れることで，表現が和らぎ，印象を良くすることができます。

【クッション言葉の例】

・恐れ入りますが

・申し訳ございませんが

・あいにくですが

・お手数おかけしますが

・ご存知（ご承知）のこととは思いますが

・よろしければ

・差し支えなければ

・こちらの都合で申し訳ありませんが

35 日常業務の基本

家庭訪問の流れをおさえておこう

家庭訪問前に確認しておくこと

①まず，Google マップの航空写真を使用して，家の位置を確認しておきます。住所がずれている場合もあるので，子どもにも位置を確認します。

② Google マップや家の写真で確認していても「道が狭くて通れない」「工事している」「駐車する場所がない」などのトラブルが起きることもしばしばあります。異動したばかりの場合は，念のため下見に行きます。

③話題の見通しをもっておきます。学校の様子，家庭の様子，健康面など話題になりそうなことを書き出しておきます。子どもたちにアンケートをとっておくと話題に使えます。好きな教科や得意なこと，よく何で遊んでいるか，今年頑張りたいことなど事前にアンケートを実施し，まとめておきます。

④早めにスーツの準備をしておきます。出発前には服装を整えたり，汗を拭いたり，髪型を整えたりと，身支度を万全にします。バタバタして出発すると身支度の確認をする暇がないので，1軒目は余裕のある時間にします。

⑤家庭訪問期間は，午前中4時間授業の学校が多いです。この午前中の時間割にゆとりをもたせます。特に1日に6～7軒回る場合は，午前中にバタバタせずに済むようにします。午前中に体育を入れると着替えなどでバタバタします。他にも家庭科の調理など準備が必要な授業は入れないようにします。

⑥家庭訪問先の子どもの長所を一文は書くようにします。子どもの良いところをまとめておくと，家庭訪問の話題として使えます。書けない子は，これから見取りが必要な子です。書いた文章は，通知表の所見のために保存しておきます。

36 保護者との関わり

先手必勝で保護者の心をつかもう

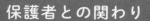

こまめに関わる

　上手に保護者対応をする方法は，先に関わることです。ザイオンス効果といい，人は関わる回数が多い人間に好感を抱きます。1日に300分話すより，300日間1分話す人の方が好感度は高いのです。保護者と会った際には，積極的に話しかけます。話すのが苦手と思う初任者も多いでしょう。しかしながら，それも仕事です。「今日は暑いですね」「〇〇さんはノートの字が丁寧ですね」そんなひと言で十分です。頑張って話しかけましょう。

先に電話する

　初任者は夕方に電話が鳴るだけで恐怖です。もしクレームの電話が入ったらどうしようと心配になるからです。そんな恐怖の電話を防止する方法があります。「自分から保護者へ電話をする」ことです。トラブル対応の電話ではありません。「〇〇さんは体調の悪い友達の代わりに給食当番を進んで行ってくれました」と何気ない電話をするようにします。1学期中に1回で構いません。そんな電話が1回あるかどうかで，万が一，クレームを言いたくなっても，その電話がストッパーになるのです。わざわざ我が子をほめるために電話をしてくれる先生に，仮に納得できないことがあったとしてもクレームを言える保護者はいません。もしいてもごく少数です。やや腹黒い考え方ですが，人間関係とはそういうものです。先に，ストッパーを整えて未然に防止するのです。また，1回電話で話しておくと，電話が鳴っても緊張せずに済みます。

37 保護者との関わり

保護者会で話せる鉄板ネタを準備しよう

保護者会の話題のストック紹介

　保護者会は毎学期開催されます。保護者会用の話題のストックをもっておくと保護者会の準備がスムーズになります。以下，私がよく話す例をいくつかご紹介します。

「学習の習慣づけ」は小学生の時期が最大のチャンス

　子どもが勉強できるようになるかどうかは，小学生の時期に大きく影響されます。例えば，宿題をきちんとやってくる子とそうでない子では，成績の差が徐々に広がっていきます。間違えた問題をしっかり直す子とそうでない子でも，同様に差がついていきます。子どもにとって，やりたくない勉強も我慢して取り組む習慣や，その過程で学ぶ喜びを見つける力を育てましょう。正しい勉強の仕方とその習慣づけこそが，小学生時代の最大の目標であり，中学以降の学力向上の鍵となります。

家族の会話が子どもの語彙を豊かにする

　植物の名前も，知らなければただの草木で終わってしまいます。しかしながらその場で植物の生態を説明したり，一緒に調べたりすることで物事への関心や学び方を学びます。知識の有無で対象との距離感が大きく変わります。小さいうちからデパートやスーパーなど，どこへ行くにも一緒に連れて歩き，いろいろなものの名前を教えたり，博物館や展覧会，旅行に連れて行ったりすることが，子どもの語彙を増やす絶好の機会になります。

保護者との関わり

保護者会でのアイスブレイクネタを準備しよう

保護者会の緊張をほぐすアイスブレイクの例をいくつか紹介します。

子育てフルーツバスケット

①進行役が，子育てに関して感じていることや経験などを1つ言う。
　例：「どうして言うことを聞いてくれないのと思ったことがある」など
②参加者は，自分も同じ思いや経験があれば，席を移動し，他の人のところに座る。
③座ったら，両隣の人と軽く会釈をする。
④キーワード（○年○組）を進行役が言ったら，全員が席を移動する。
⑤振り返りを行う。「やってみてどうでしたか」と問いかける。

サイコロトーク

グループで1人ずつサイコロを振り，出た目のトークをします。
お題は，①子育ての悩み②子どもに望むこと③子育てで一番嬉しかったこと④我が子自慢⑤自分の子ども時代⑥声を出して笑うなどです。

○×討論会

お題を伝え，お題に対して○か×のジェスチャーをしてもらいます。○や×の理由を聞きながら交流します。以下はお題例です。
・学校が休みの日は，朝，ゆっくり起きてもよい。
・子どもの友だちは，男女を問わず，どちらもいたほうがよい。
・子どものおこづかいは月額制がよい。
・子どもが自分から進んでお手伝いをしたら，おこづかいをあげてもよい。

第2章 効率よく仕事する！学級づくりのデジタルスキル

日常業務

モバイル端末を活用しよう

活用ツール ▶ 各種デジタルアイテム

将来への投資と捉える

　私は業務効率化のために，iPad，Apple Pencil，Apple TV を使っています。この３つがあると業務効率が上がります。iPad が必要な理由は，起動速度，持ち運びの利便性，立ちながらでも使用できるためです。Apple Pencil は，手書きにも対応するために使用しています。そして，Apple TV があれば電子黒板に iPad の画面をスムーズに投影できるので，学級経営や授業で非常に役立ちます。この３つの利点は，パソコンでは代替できません。効率化するためには，使い勝手の良さが非常に重要です。中古でも問題ないので，購入することをおすすめします。お金はかかりますが，効率化することで，時間に余裕が生まれ，心にも余裕ができるようになります。

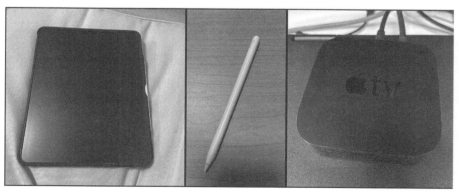

iPad　　　Apple Pencil　　　Apple TV

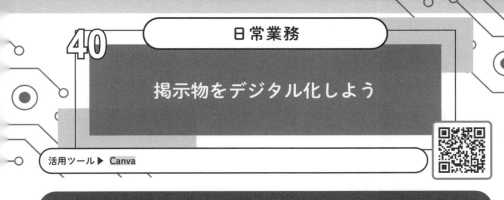

40 日常業務

掲示物をデジタル化しよう

活用ツール ▶ Canva

Canvaならテンプレートで超時短

　年度初めには，給食当番表や掃除当番表，席替え表，学級のめあてなどの掲示物を作成しなければいけません。しかし，これらをゼロから作成すると時間がかかります。そこで，Canvaです。Canvaには学校で必要な掲示物のテンプレートがほとんど揃っており，必要なものを検索して探すだけで使用できます。さらに，Canvaは幼稚園から高校までの教員であれば，有料版の機能を無料で使用することができます。申請には教員免許などが必要になりますが，数分で作業は終わります。必ず活用したいツールの１つです。次のページから登録しましょう。また，Canvaで作成した学級の掲示物のデータを右上ＱＲコードから使えるようにしていますので，ぜひご活用ください。

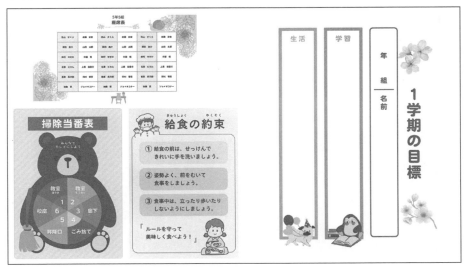

第2章　効率よく仕事する！学級づくりのデジタルスキル

Canva 教育版（教員向け）の申し込み方

10分で完了します

Step 01

証明書類を用意

教員免許状または保険証を用意し写真を撮ります。
教員の証明として必要になります。

Step 02

Canvaにログイン

GoogleやMicrosoftのアカウントでログイン。氏名、勤務校、勤務校の住所、Webを入力、最後に**教員免許か保険証**をアップロードして送信。下のQRコードからでも申請可能です。

Step 03

Canvaから認証

承認され次第、Canvaから次第メールが届きます。
そのメールに記載されたURLを児童生徒とシェアすることで完了！

Canva教育版（教員向け）について

準拠法について
Canva教育版においては、教育機関が所在する国や自治体の法律、セキュリティポリシーに準拠します。（Canva教育版利用規約3条）

同意書について
日本において、Canvaの利用について保護者の同意は求めていません。それぞれの自治体や学校のルールに従ってください。

データ利用について
個人情報は法令によるものなど特別な場合を除いて第三者へは一切提供いたしません。また、個人情報の取得も最小限にとどめるように努めております。詳しくはこちらの個人情報収集リストとCanva教育版利用規約9,10,11条をご覧ください。

申請用のQR ▶

Canva Japan
Canva Education Senior Manager

活用ツール ▶ Canva

1億点以上の素材を生かそう

　学級通信を作成する際も，Canva がおすすめです。Canva には1億点以上の素材が揃っており，他のツールを使う場合と違い，インターネット上からフリー素材をダウンロードする過程が不要です。フリー素材には，著作権侵害のリスクがあるものや完全に無料ではないものも含まれています。しかし，一般的な範囲で Canva の素材を使えば，そのような心配はありません。

　さらに，Canva はクラウドベースで管理されているため，異なるデバイスからも編集が可能です。タブレットで途中まで作成し，続きを職員室のパソコンで作成することができます。動画や音楽を取り入れて，クラウド上で共有することで，デジタル版の学級通信を作成することもできます。

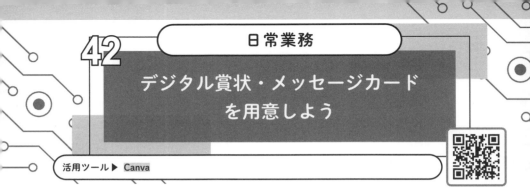

42 日常業務

デジタル賞状・メッセージカードを用意しよう

活用ツール ▶ Canva

豊富なテンプレートを生かそう

　メッセージカードや賞状，お手紙などもすべて Canva で作成しましょう。理由はいくつかありますが，最大の理由は検索するだけでテンプレートが表示され，そのまま使用できるためです。他のツールで作成する場合は白紙の状態から作成を始めるので編集に時間がかかりますが，Canva は一瞬で作成できます。

　他にもワークシートや記録証，案内状など学校で作成するものは基本的に Canva で作成できます。ゼロから作成する必要がないため，作業時間を短くすることができます。Canva は時間に余裕がない初任の先生方にとって非常に強力なツールになるでしょう。

43 日常業務

デジタル給食当番表・掃除当番表を用意しよう

活用ツール ▶ Canva

掲示物のデジタル化で対応しやすく

多くの学級では、給食当番表や掃除当番表を作成後、紙に印刷し、ラミネートして使用しています。しかし、4月の忙しい時期に手間がかかる、転入時の対応や掲示するスペース確保の難しさなどのデメリットがあります。

しかし、現在は1人1台端末があります。これを使用しないのはもったいないです。Canvaで給食当番表や掃除当番表を作成後、そのまま子どもたちの端末にデータ共有すれば、子どもたちは自分のタブレットやパソコンで確認することができます。印刷やラミネートの手間がかからず、誤字がある場合もすぐに訂正ができます。デジタルの良さはすぐに編集ができることです。

第2章 効率よく仕事する！学級づくりのデジタルスキル

給食当番表								
ごはんパン		大おかず		中おかず	小おかず	牛乳		おぼん
名前	名前	名前	名前	名前	名前	名前	名前	名前
食器①		食器②		給食台	台ふき	お手伝い		
名前	名前	名前	名前	名前	名前	名前		

LUNCH TIME

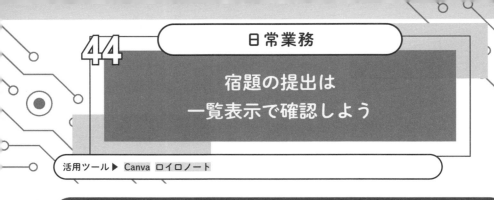

44 日常業務

宿題の提出は一覧表示で確認しよう

活用ツール▶ Canva ロイロノート

Canva やロイロノート・スクールで一覧表示

　宿題を全員分回収して点検して，返却するとかなりの時間がかかります。そこで，Canva やロイロノート・スクール（以下ロイロノート）を活用して宿題を運用します。Canva で宿題を出す場合は，Canva 上で誰がいつ進めているのかをいつでも確認することができます。アナログで宿題を出したい場合は，プリントを配付し，宿題の丸つけまで子どもたちに任せます。宿題の丸つけが終わった子から，Canva 上で宿題の写真を撮影し Canva のスライドに写真を貼り付けます。このようにすることで，先生側は誰が提出しているのか，どのくらい取り組めているのかを一覧で確認することができます。コメントの記入もデジタル上で行えます。

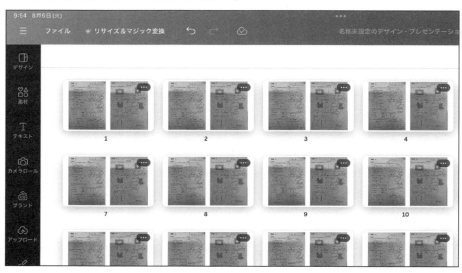

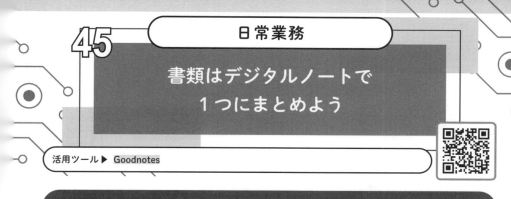

45 日常業務
書類はデジタルノートで1つにまとめよう

活用ツール ▶ Goodnotes

書類のデータは1つにまとめる

　Goodnotesは世界初のＡＩ機能搭載のデジタルノートです。手書きにもタイピングにも対応していて非常に使いやすく，また，クラウド上に書類を保存できるのでデータ量を気にする必要もありません。

　紙の状態で管理していると，必要な書類を探すのに時間がかかります。しかし，Goodnotesなら検索機能によって，一瞬でデータを見つけることができます。さらに，Goodnotesのすごいところは，ＰＤＦや手書きのメモも内容を読み込んで検索できることです。一般的なツールでは，手書きやＰＤＦまで文章の検索ができません。すべてのデータをGoodnotesで管理することで，作業時間の短縮につながります。

第2章 効率よく仕事する！学級づくりのデジタルスキル

46 日常業務
年間指導計画，学習指導要領もデジタルノートにまとめよう

活用ツール ▶ Goodnotes

すべての資料を一元化する

　年間指導計画，学習指導要領など授業や教材研究に必要なデータはすべてGoodnotesに保存します。Goodnotesに保存しておくことで，いつでもどこでも中身を確認することができます。また，Goodnotesはクラウド上でデータを管理しているため，どの端末からでもアクセスが可能です。

　年間指導計画や学習指導要領は，検索すれば無料でＰＤＦをダウンロードすることができます。また，それ以外にも教科書会社・教材会社などが公開しているＰＤＦ資料があれば，保存しておくとよいでしょう。

47 日常業務

デジタルノートで教材研究しよう

活用ツール ▶ Goodnotes

iPadの画面分割を有効活用

　画面分割は，iPadにある便利な機能です。まず，アプリを開いた状態で，画面上部の「…」をタップし，「Split View」を選ぶと，画面を２つに分けることができます。例えば，一方の画面でノートアプリを開き，もう一方で調べ物をするという使い方が一般的です。

　通常，同じアプリを２つの画面で同時に使うことはできないのですが，Goodnotesは例外で，同一アプリ内で画面を分割することができます。そのため，片方の画面にデジタル教科書を表示し，もう片方の画面でノートを取りながら学習計画を立てるなどの活用が可能です。この機能を使うことで，１台のタブレットで効率的に作業が進められます。

画面を２分割して作業を効率化する

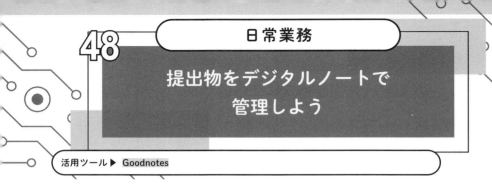

48 日常業務

提出物をデジタルノートで管理しよう

活用ツール ▶ Goodnotes

名簿の印刷が不要になる

　宿題や書類，ノート，ワークシートなどの提出物は名簿を印刷した用紙よりGoodnotesの方が効率的です。GoodnotesならスキャンやPDFで取り込んだ資料をその場で複製することができます。紙と違い，足りなくなったら印刷する手間が必要ありません。また，タブレットですべてを整理することで，情報管理が楽になり効率化につながります。Goodnotesで提出物を管理する際にApple Pencilを使うと書き心地は鉛筆とほとんど変わりません。

　同様に成績の管理もGoodnotesでできます。表計算ツールで成績を処理する方法もありますが，手書きが好きな方にはGoodnotesがおすすめです。

49 日常業務

名前シールを一括で作成しよう

活用ツール ▶ Word

年度初めの忙しさを緩和する

　年度初めには，机や椅子，棚，靴箱などに名前シールを貼る作業が必要です。多くの学校ではテプラを使いますが，これには時間がかかります。そこで，ラベルシール65面のテンプレートを使って，一度に名前シールを作成する方法がおすすめです。

　Wordで作成する場合，クラスの名簿をコピーしてテンプレートに貼り付けるだけで，手間なくシールがつくれます。ラベルシールは，右上QRコードのリンク先から購入でき，まとめて買っておけば数年使えます。

　必要なラベルシール用のWordデータも簡単にダウンロードでき，そこに名前をコピーして貼り付けるだけで，すぐに使用可能です。

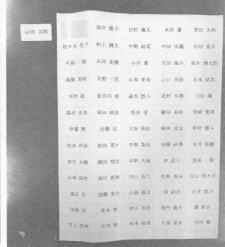

50 日常業務

所見案作成支援ツールを活用しよう

活用ツール ▶ Google スプレッドシート

文章例から選択するだけ

　右上QRコードのリンク先にあるGoogle スプレッドシートを利用すれば、選択するだけで通知表の所見案を作成することができます。選択内容は、「学習面」「具体的な内容」「生活面」「ほめ言葉」「これから」に分かれており、順にプルダウンで選択することで、文章を作成することができます。文章は、子どもの実態を考えながら選択していきます。選択だけなら、30分以内に作成可能です。

　ただし、あくまでもたたき台なので、そのままの文章で使わず、入力後に見直し、必ず子どもの実態に書き直していきます。加筆修正は必要ですが、ゼロから作成するより大幅な時間短縮になります。

所見案作成支援ツールの使い方

3ステップで完成
①名簿コピー
②例文を選択
③完成

1人10秒

ステップ①
名簿をコピーして貼り付ける

ステップ②
例文を選択する

ステップ③
完成！あとはコピーして貼り付けるだけ

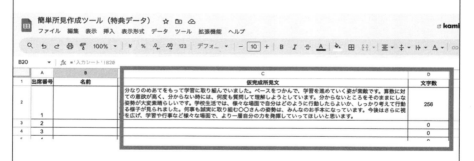

※作成した文章はあくまでたたき台です。これを基にして、必ず子どもたちの実態にあった表現に書き直しましょう。

応用編：自分で文例を書く

ステップ①
シートを選択する

ステップ②
文例を記入する

応用することで、オリジナルのツールに変わります。

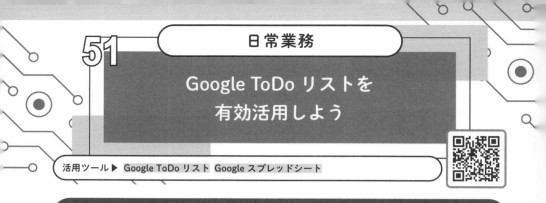

51 日常業務
Google ToDo リストを有効活用しよう

活用ツール ▶ Google ToDo リスト　Google スプレッドシート

ToDo リストをデジタル化して忘れ防止

　仕事において，何かを思い出す時間は無駄になり，忘れてはいけないことを忘れると大きなトラブルにつながることがあります。これを防ぐために，Google ToDo リストや Google スプレッドシートを活用すると便利です。

　これらに仕事内容をメモしておけば，何をするべきかすぐに確認でき，思い出す時間を短縮できます。さらに，クラウド上に保存されるので，どの端末からでもアクセスできます。一度保存したデータは消さない限り残るので，過去のデータを見て，昨年や一昨年の仕事内容を振り返ることも可能です。右上ＱＲコードから ToDo リストの内容を取得できますので，ぜひ活用してください。

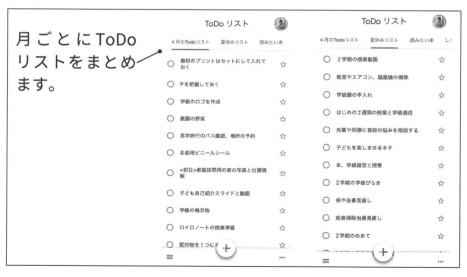

月ごとに ToDo リストをまとめます。

忙しい時期の To Do リスト ☆ 🗁 ☁

ファイル 編集 表示 挿入 表示形式 データ ツール 拡張機能 ヘルプ

🔍 ↶ ↷ 🖶 🔧 100% ▾ | ¥ % .0 .00 123 | Roboto ▾ | − 2(

A1:B1 ▾ | ƒx

	A	B	C
1	**4月の ToDo**		0/49 完了
3	✓ 日付		タスク
19	☐	4月7日	教室の机・イス移動
20	☐	4月7日	名前シール
21	☐	4月7日	教室の備品移動
22	☐	4月7日	前年度の引継ぎ資料の確認
23	☐	4月7日	児童印鑑の確認
24	☐	4月7日	学年で打ち合わせ
25	☐	4月7日	前学年からの引継ぎ
26	☐	4月7日	校務分掌の資料の確認
27	☐	4月7日	家庭訪問計画
28	☐	4月7日	週時間割
29	☐	4月7日	学級開きの資料（パワポやキャンバ）
30	☐	4月7日	係や当番
31	☐	4月7日	入学式の準備

＋ ≡ **4月ToDo** ▾ 夏休みToDo ▾ 冬休みToDo ▾

第2章 効率よく仕事する！学級づくりのデジタルスキル

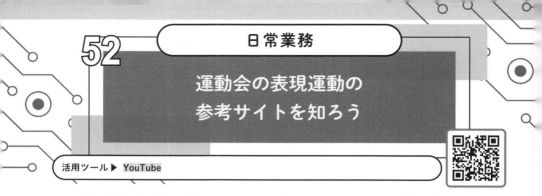

52 日常業務 — 運動会の表現運動の参考サイトを知ろう

活用ツール ▶ YouTube

運動会の鉄板

　初任や若手の先生は，運動会の表現運動の担当になることが多いです。担当になった際には，曲やダンス，練習計画を決める必要があります。学校によりますが，低学年は流行りの曲，中学年は伝統的な曲，高学年は集団演技やフラッグ演技の学校が多いです。以下は参考になるウェブサイトです。
・YouTube チャンネル「そら先生＆もも先生とおどってみよう！」
・YouTube チャンネル「おさよせんせい」
・YouTube チャンネル「授業準備 TV_by SPRIX」
・クラフテリオ（運営：株式会社サンワ）

低学年の例	中学年の例	高学年の例
・鬼滅の刃 ・ポケモン ・ツバメ ・ドラえもん ・チェッコリ玉入れ ・Bling-Bang-Bang-Born	・ソーラン節 ・エイサー ・ミルクムナリ ・大森のみかぐら ・唐船ドーイ	・スカーフ演技 ・フラッグ演技 ・集団行動 ・組体操 ・リズムダンス

53 日常業務

メモをクラウドで同期して活用しよう

活用ツール ▶ Google Keep

様々な端末から見られるようにする

　ToDo リストと同様に，メモも Google ツールの Google Keep を使用します。Google ツールはデータをすべてクラウドで管理しているため，スマートフォン，タブレット，パソコンのどのデバイスでも見たり入力したりすることができ，スマートフォンで仕事をして，続きをパソコンで操作することができます。特にメモを取る場合は，タブレットやパソコンが身の回りにない状況の方が多いですが，スマートフォンは常に携帯しているのでどこでもメモを取ることができます。紙に書くと紛失したり入力し直したりする必要があり，効率が下がります。さらに，Google Keep は音声入力にも対応しているので，素早くメモを取りたい場合に活用しましょう。

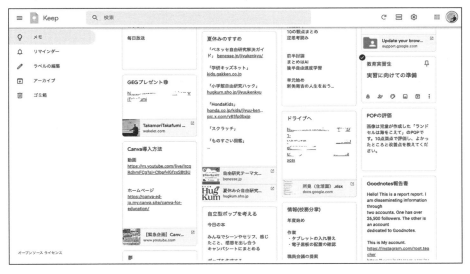

54 学級経営＆指導技術

学級開きはスライドで
わかりやすく行おう

活用ツール ▶ Canva

学級開きの準備は３月中に

　学級開きでは，自己紹介，学級経営方針，学級のルールについて説明をします。ここでの方針は，１年間継続して行うことになるので，３月中に内容を厳選しておきます。ここでの説明が明確であるほど，学級経営がしやすくなります。先の見通しが立っていない状態では，子どももよりどころがなく，混乱します。

　自己紹介は，「先生すごい！」「面白い！」と思ってもらえるような内容を考えておきます。学級経営方針は，理想とするクラスの姿を伝えます。最後に，学級のルールは，必ず守らせたい内容を紹介します。学級開きのスライドの例は右上ＱＲコードからダウンロードできます。

学級開きプレゼンテーション
QRコードからデータダウンロード可

55 学級経営＆指導技術

年度はじめの自己紹介は Kahoot! で行おう

活用ツール ▶ Kahoot!

楽しく自己紹介を行う

　自己紹介には Kahoot! がおすすめです。Kahoot! を使えば，楽しみながら自己紹介を行うことができます。話すだけの自己紹介ではトーク力が必要ですが，Kahoot! ならトーク力がなくても子どもたちを盛り上げられます。

　自己紹介では，できるだけ写真を使いましょう。Kahoot! の問題には写真を挿入できるので，自己紹介用の写真を活用します。また，4択クイズではあえて面白い選択肢を加えると，子どもたちがさらに盛り上がります。

　クイズだけで伝えきれない部分は，補足として説明しながら自己紹介を進めていきます。Kahoot! のクイズと Canva のプレゼンテーションを組み合わせることでわかりやすく面白い自己紹介ができます。

学級経営＆指導技術

定期的な振り返りで
係や当番活動を動かそう

活用ツール ▶ Canva　ロイロノート　Google スライド

活動は必ず停滞する

　係や当番活動は定期的な声かけや振り返りがなければ，必ず停滞します。定期的にほめられたり認められたりすることで人は行動を継続することができます。そのため，振り返りの機会を定期的に設けるようにしましょう。

　振り返りの際は，子ども同士の振り返りだけではなく，担任からの評価も同時に行います。担任がどのようなポイントを見ているのかを伝えていくことで，子どもたちも行動の仕方がわかるようになります。

　振り返りは，Canvaやロイロノート，Googleスライドのような情報を共有するツールを活用し，記録していくことで，忘れずに行動していくことができるようになります。

体育当番

P（良いところ）	M（良くないところ）	I（気になるところ）
体育当番が元気よく声を出している。	準備運動がてきとうになっている。	準備運動に遅れてくる人がいる。
続けるために	**よくするために**	**どうするか**
体育当番だけでなく、全員で声を出していくようにする。	準備運動の意味をみんなに伝える。	準備運動に遅れてくる人に声をかける。

57 学級経営＆指導技術

毎週末にフォームで
掃除の振り返りをしよう

活用ツール▶ Google フォーム Forms

上達のコツはフィードバック

　どんなに一生懸命に頑張る人でもほめられたり認められたりする機会がなければ，やる気は持続しません。そのために，掃除では毎週末に振り返りの時間を設けます。振り返りでは，フォームでアンケートを作成し，「15分間すみずみまで掃除することができましたか」の自己評価，「掃除の時間に最も頑張っていたのは誰ですか」の他者評価，「上手な掃除の仕方を見つけましたか」の気づきの3つを尋ねます。

　アンケートの結果を確認することで，担任はそれぞれの子どもの頑張り具合を把握できます。さらに，結果から頑張っている子を紹介したり表彰したりすることで子どもたちのやる気を高めていくことができます。

58 学級経営＆指導技術

月末にフォームで
子どもの実態を把握しよう

活用ツール▶ Google フォーム Forms

トラブル防止の鍵は実態把握

　月末には，子どもたちの実態把握のためのアンケートを実施します。学級の子どもたちの交友関係や日頃の過ごし方を把握しておくことで，事前にトラブルを防止することができます。また，交友関係を把握することで，学習面や生活面にも配慮することができます。学級に対しての思いも把握しておくことで，学級経営の方向性を考えていく際の参考にもなります。

　個別に悩み相談がある場合は，早めに対応することもできます。アンケートでは，学級への満足度：「学校は楽しいですか」「学校は安心して過ごせますか」，交友関係：「休み時間は何をして過ごすことが多いですか」，早期発見：「困っていることはありますか」などを尋ねるようにしています。

097

59 学級経営&指導技術

ＡＩに子ども同士をつなげる活動を相談してみよう

活用ツール ▶ ChatGPT Gemini

困ったときはとりあえず相談

　何かのアイデアを考える際には，ＡＩに相談します。自分だけでは思いつかないことも，ＡＩが回答してくれます。ＡＩの回答に納得できない場合は，納得できないところに追加で指示することで，別の案を提案してきます。

　初任のときは特にわからないことや思いつかないことが多いので，困ったときにはとりあえずＡＩに相談してみましょう。ChatGPT や Gemini はウェブサイトよりアプリの方が手軽に起動できるので，スマートフォンにそれぞれのアプリをダウンロードしておくと，いつでも助けてくれる心強い味方になります。子ども同士をつなげる活動内容を提案するよう指示をすると以下のような返答があります。

Geminiの回答

 あなたはベテランの小学校教師です。子ども同士が話しながら楽しく交流できる活動を提案してください。

回答案を表示 ∨ 🔊

子ども同士が話しながら楽しく交流できる活動：

グループワーク:

- **協力型ゲーム:** 例えば、制限時間内に協力してタワーを建てる、謎解きゲームをクリアするなど。成功体験を共有することで一体感が生まれ、自然と会話が弾みます。
- **創作活動:** グループで劇や歌、絵などを創作する。アイデアを出し合い、役割分担をして一つのものを作り上げる過程で、コミュニケーション能力や協調性を育みます。
- **討論・ディベート:** 時事問題や身近なテーマについて意見を交換する。多様な視点に触れることで視野が広がり、自分の考えを深めることができます。

ペアワーク:

- **インタビュー:** 互いにインタビューをし、相手の意外な一面を発見する。質問を考えたり、答えたりする中で、相手への理解を深めます。
- **共同制作:** 2人で一つの作品を作る。協力しながら作業を進めることで、親密度が高まります。

60 学級づくりネタ

ＡＩで子どもが喜ぶ
デジタルおみくじをつくろう

活用ツール ▶ Canva ChatGPT

学級経営はアイデアで楽しく

　CanvaとChatGPTを使用しておみくじを簡単に作成できます。Canvaにおみくじのデザインがあるので，自分好みに編集します。文章はChatGPTで生成すれば，何十通りも作成することができます。3学期の始業式の日におみくじを引かせると大喜びします。おみくじを学級で使うと，子どもたちも楽しく，ワクワク感をもつことができます。励ましのメッセージが含まれていれば，自己肯定感が高まり，学習や活動に対する意欲が向上します。また，クラス全体でおみくじを共有することで，仲間同士のコミュニケーションが活発になり，一体感が生まれます。さらに，おみくじの内容を通じて，子どもたちは自分で目標を考える機会にもなります。

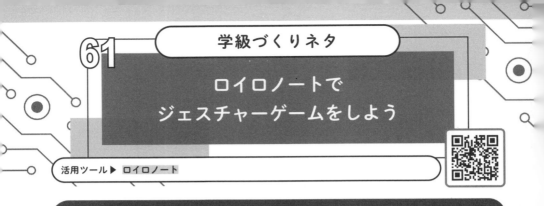

61 学級づくりネタ

ロイロノートでジェスチャーゲームをしよう

活用ツール ▶ ロイロノート

カードゲームをロイロノートで管理する

　教室でいつでも遊べるように，よく使うカードゲームのデータはロイロノートに保存しています。私の学級ではジェスチャーゲームが人気で，ロイロノートにジェスチャーカードのお題を保存しています。このお題はＡＩで作成し，「たこ焼きを食べているところ」「ポップコーンを食べているところ」「ステーキを食べているところ」など，様々な食べ物の動作を表現するものがあります。ゲームは２チームに分かれ，各チームから代表の子を決めます。先生がランダムで選んだお題を見せ，代表の子がその動作をジェスチャーで表現し，チームが１分以内にお題をいくつ当てられるかを競います。準備が簡単で，子どもたちが楽しみながら参加できる活動です。

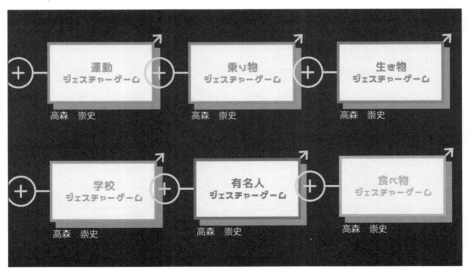

学級づくりネタ

62

フォームで「私はだあれ」ゲームをしよう

活用ツール▶ Google フォーム Forms

子ども同士をつなげる架け橋になる

「私はだあれ」は，子ども同士をつなげるためのゲームです。子どもたちに好きなものや得意なこと，日頃何をして遊んでいるかなどを尋ねます。Google フォームで集めた回答を基に担任がクイズを行います。「ヒント①好きな教科は，算数です」「ヒント②昼休みはいつもおにごっこをしています」「ヒント③今まで行った中で一番楽しかった場所はグリーンランドです」このようにヒントを出しながら，誰のことを言っているのかを当てさせます。

この活動を通して，子どもたちがお互いのことをどのくらい知っているのか把握したり，子どもの特徴を知らせたりすることができます。活動を繰り返すことで，子ども同士をつなげていくことができます。

名前 * 回答を入力	あなたが好きなアニメは何ですか。* 回答を入力
あなたが好きな教科は何ですか。* 回答を入力	あなたが好きな食べ物は何ですか。* 回答を入力
あなたが好きな遊びは何ですか。* 回答を入力	今までで行った場所で1番楽しかったところはどこですか。* 回答を入力
あなたは休みの日に何をしてすごしていますか。* 回答を入力	今、あなたががんばっていることは何ですか。* 回答を入力
あなたがとくいなことや好きなことは何ですか。* 回答を入力	最近、失敗したことはありますか。* 回答を入力

学級づくりネタ 63

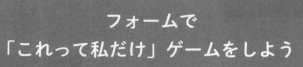

フォームで「これって私だけ」ゲームをしよう

活用ツール ▶ Google フォーム Forms

自己開示のレベルを高める

「私はだあれ」の応用バージョンです。「私はだあれ」はお互いの共通点を探しながら仲を深めていく活動であるのに対して、「これって私だけ」はお互いの相違点を見つけながら楽しむ活動です。お互いの個性を尊重しながら仲を深めていくときに行います。担任が「正解は〇〇さん」と発表する際には、他の人と異なる部分を認めるようにして、違いがあることが面白いという学級の風土をつくります。2つの活動を通して、共通点があることの安心感と、違いがあることの面白さに気づかせます。遊びの中で他者との関わりを深めていくことは、学級の子どもたちの絆を深めていくことにつながります。また、子どもたちの自己開示のレベルも高めていくことができます。

これってわたしだけ1 *	これってわたしだけ1 *
ケーキが嫌い。	苦瓜が好き
これってわたしだけ2 *	これってわたしだけ2 *
後方支持回転ができる。	日曜日、ピザ屋さんに行って、ピザを食べた。
これってわたしだけ3 *	これってわたしだけ3 *
二重跳びが15回できる。	自分が好き
これってわたしだけ4 *	これってわたしだけ4 *
ほうじ茶が好き。	実は、土日に、GAMEをしてない。
これってわたしだけ5 *	これってわたしだけ5 *
びわが好き。	何回もお母さんに怒られた

64 授業づくり

授業の導入や復習をクイズ化しよう

活用ツール ▶ Kahoot!

授業の導入や復習に

　Kahoot!の一番の魅力は、遊びながら学べることです。Kahoot!はアカウント登録をするだけで、誰でも無料で使うことができます。アプリでもウェブブラウザ上でもオンラインで起動することができ、子どもたちは、まるでクイズ番組のように楽しみながら学べます。問題は作成者がオリジナルの問題をつくるだけではなく、全国の先生がつくった問題を活用することもできます。また、ペアやグループ活動として取り組むこともでき、子どもたちが協力し合う活動も可能です。個別に取り組むモードでは、子どもたちが自分のペースで得意分野を伸ばしたり、不得意分野を克服したりする練習問題に挑戦する、という使い方もおすすめです。

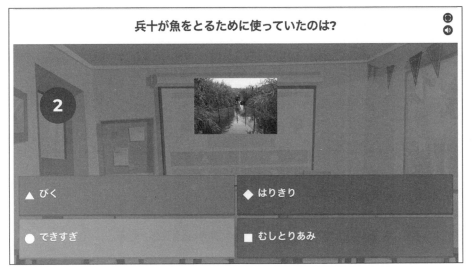

授業づくり
65 個別最適な学びとICTの関連をおさえよう

活用ツール ▶ 全般

個別最適な学びとは？

　個別最適な学びの具体例を5つ紹介します。1つ目は個別学習です。デジタルドリルなどで自分のペースで学習を進める方法です。2つ目は調査活動です。インターネットやデジタル教材を使って自分で調べ、調べた内容をスライドなどにまとめます。3つ目は思考を深める学習です。デジタル教材を自分で動かしながら思考を深めていきます。4つ目は表現や制作です。写真，音声，動画などを使って，より豊かな表現を取り入れた作品を制作します。5つ目は家庭学習です。学習用タブレットやパソコンを家に持ち帰り，動画やデジタル教材を使って予習・復習を行います。

　以上を踏まえて，具体的な活動を考えてみましょう。

・初級，中級，上級など問題の難易度を選択できるようにする。
・1人，ペア，グループなど学習形態を選択できるようにする。
・アナログやデジタルなどの表現方法を選択できるようにする。
・自分のペースで問題を解けるようにする。
・ノートやスライド，スピーチなど表現方法を選択できるようにする。
・宿題では，自主学習ノートなど自分で学習内容を選択できるようにする。
・各自で課題を作成し，自分の課題に対して学習に取り組む。
・学習内容を自分で選択し，自分の課題に応じて学べるようにする。
・動画を活用して，自分の課題に応じた学びを選択できるようにする。
・ＡＩを活用して個別にフィードバックできるようにする。

【参考】文部科学省「個別最適な学びと協働的な学びの一体的な充実に関する参考資料」

66 授業づくり

協働的な学びと
ICTの関連をおさえよう

活用ツール ▶ 全般

協働的な学びとは？

　協働的な学びの具体例を4つ紹介します。1つ目は発表や話し合いを通じて自分の考えを共有し，意見交換を行います。大型提示装置や学習用コンピューターを使って，考えを整理しながらグループで意見をまとめます。2つ目はクラウドサービスを活用します。複数の意見を視覚的に共有し，議論を深めることができます。3つ目は協働制作です。写真や動画を使った資料や作品をグループで分担してつくり上げます。4つ目はインターネットを利用して海外などの遠隔地の学校とリアルタイムで意見交換を行い，異なる文化や考え方に触れることで，多様な視点を学びます。

　以上を踏まえて，具体的な活動を考えてみましょう。

・グループで意見を出し合いながら考えをホワイトボードにまとめる。
・自分の考えを付箋に書き，分類しながら付箋の内容を交流し合う。
・Google スプレッドシートや Excel などのツールでセルごとに意見を書き，共有する。
・Canva や Google スライドなどでスライドごとに考えを書き，クラウド上で意見を交流できるようにする。
・ロイロノートや PowerPoint などのプレゼンテーションを共同で作成する。
・Google フォームなどで回収した意見を共有し，それを基に話し合う。
・Padlet や Wakelet などのデジタル掲示板で意見を交流し合う。
・Google Meet や Zoom を使って他の学校の子と交流する。

【参考】文部科学省「個別最適な学びと協働的な学びの一体的な充実に関する参考資料」

67 授業づくり

授業の導入での
ＩＣＴ活用方法を知ろう

活用ツール ▶ Google フォーム　Forms　YouTube　Kahoot!　Quizlet

導入場面における活用方法6選

　授業の流れの中で，どのようにＩＣＴを活用すると効果的なのかをおさえておくことは重要です。まずは，導入場面における活用方法を紹介します。

(1) Google フォームで意見を収集する

　道徳の導入では，本時の内容に関わるアンケートを事前にとり，意見を紹介します。

(2) 動画で見せる

　図工では，iPad のカメラ機能を活用して実物投影機のように手元の制作の様子を見せます。体育の導入では，YouTube の動画を活用してお手本の動画を見せます。

(3) アプリで前時の内容を確認する

　Kahoot! や Quizlet などのクイズアプリを使って，楽しみながら前時の学習を振り返ります。

(4) Forms や Google フォームで小テスト

　前時の学習の理解度を図るためにフォームで素早く復習をします。

(5) フラッシュカード

　電子黒板にスライドで作成したフラッシュカードを見せ，繰り返し学習し，短期記憶を長期記憶にしていきます。

(6) 前時の学習の様子を見せる

　前時の板書やノートなどを写真や動画で見せ，前時の学習を振り返らせます。授業記録にもなります。

導入でのICT活用例

Kahoot!で学習内容を復習する

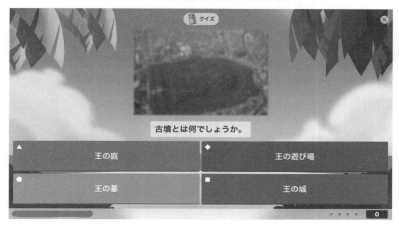

Googleフォームの小テストで習熟度を確認する

授業づくり

授業の展開での ICT活用方法を知ろう

活用ツール ▶ ロイロノート　Canva　Padlet　Google／Microsoft／Apple ツール

展開場面における活用方法 5 選

　授業の展開場面では，一人ひとりの考える時間を確保したり，思考する過程を共有したりするなど，様々な活用方法が考えられます。

(1) デジタルノート

　ロイロノートや Google スライド，Canva などでノートを取ります。デジタルノートなら共有することで，簡単に全員の様子を見られます。

(2) デジタルワークシート

　ロイロノートや Google スライド，Canva などでワークシートを作成すると，印刷や回収の手間を省くことができます。

(3) 表計算アプリで共有

　Google スプレッドシートや Excel，Numbers でそれぞれの子どもの考えをセルごとに書かせて共有します。一覧で見ることができ便利です。

(4) プレゼンテーションや動画制作

　Google スライド，PowerPoint，Canva，ロイロノート，Keynote などのツールを使用して，学習内容をプレゼンテーションにまとめます。そのあと，音声や音楽を追加して，動画を制作します。

(5) 子どもの考えを全体把握

　Padlet やロイロノートの共有ノート，Canva のホワイトボードなどを使用して，学級全体の考えをデジタル付箋などで共有することができます。

展開でのICT活用例

Canvaのスライドワークシートで協働学習

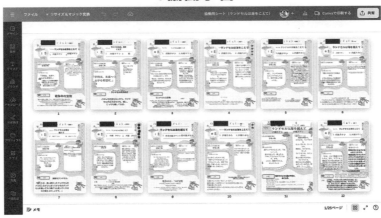

ロイロノートの共有ノート チームで問題解決

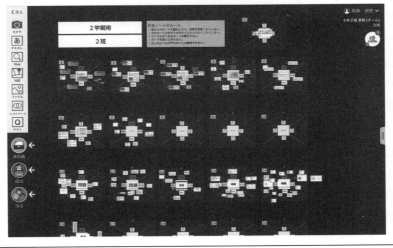

授業づくり

授業の終末での
ＩＣＴ活用方法を知ろう

活用ツール ▶ Kahoot! Quizlet Padlet Google／Microsoft／Apple ツール

終末場面における活用方法7選

　終末の場面では，考えをまとめたり，クラスのみんなの考えを見合ったりすることで，その時間の学びをさらに深めるようにします。

(1)学習アプリ
　ドリルパークのようなＡＩアプリを使用して学習内容を復習します。

(2)表計算アプリ，掲示板アプリ
　Google スプレッドシートや Excel，Padlet を使って子どもたちの考えを共有することで，各々の考えを深めます。

(3) Google フォームや Forms で振り返り
　これまでの学習の態度面の振り返りをするためにフォームを活用します。

(4)クイズアプリで復習
　Kahoot! や Quizlet などのクイズアプリを使って学習を楽しみながら振り返ります。

(5) Google フォームや Forms で小テスト
　前時の学習の理解度を図るためにフォームで素早く復習をします。

(6)動画で記録
　カメラの機能を使用して，学習した内容を動画で記録します。自分の声で学習した内容をアウトプットすることで，理解度と記憶の定着率を高めます。

(7)ＡＩでまとめる
　各自で学習のまとめを書き，すべてコピーしたあと，ＡＩで要約します。その結果を改めて読み，批判的に見ることで考えがさらに深まります。

終末でのICT活用例

Padletで学習内容をまとめる

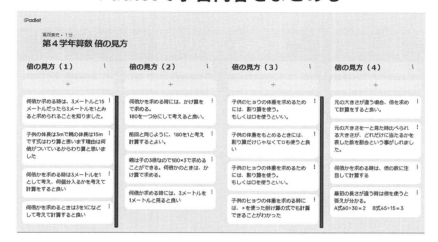

Google フォームで学習を振り返る

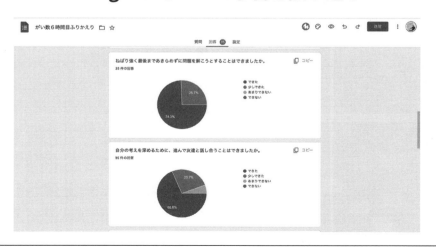

第2章 効率よく仕事する！学級づくりのデジタルスキル

70 授業づくり

ICTを生かした国語の授業の進め方を知ろう

活用ツール ▶ ロイロノート　Canva　Google スライド

思考ツールが大活躍

　ロイロノートをはじめ，CanvaやGoogleスライドなどで学習を進める際には，思考ツール（シンキングツール）を重宝します。アイデアを膨らませる際にはウェビングマップ，テーマに沿った理由をつける際にはくらげチャートなどの思考ツールを使用することで，自分の考えをまとめやすくなります。以下の例では，ウェビングマップやくらげチャートで思考を広げ，それを基に詩を書き，提出箱で共有しています。デジタルノートを使用する際には思考ツールを積極的に活用します。右上QRコードから思考ツールのデータを配付しています。思考ツールは，国語だけではなく，算数や社会などの他の教科でも使用できます。

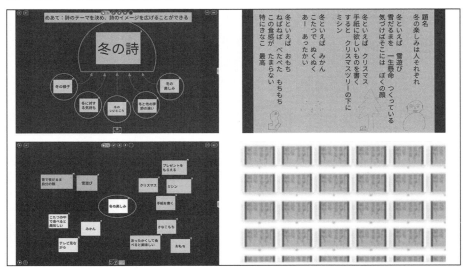

71 授業づくり

ICTを生かした算数の授業の進め方を知ろう

活用ツール ▶ Kahoot! Canva ロイロノート Google スライド Google フォーム

考えの共有と見える化が鍵

　算数の授業では，導入部分ではKahoot!を使って復習を行い，展開部分では自分の考えをCanvaやロイロノート，Googleスライドに書き込み，クラス全員と共有します。そして，授業の終わりにはGoogleフォームを使って振り返りを行うことで，学びを深めます。導入では，子どもたちは自分のペースで問題を解くことができます。展開部分のスライド共有では，他の子の考えをすぐに確認できるだけではなく，先生もその場で全員の理解度を把握し，即座にフィードバックができます。さらに，振り返りの際にGoogleフォームを使うことで，回答を瞬時に集計でき，全体の傾向や個々の理解度を迅速に分析することが可能です。

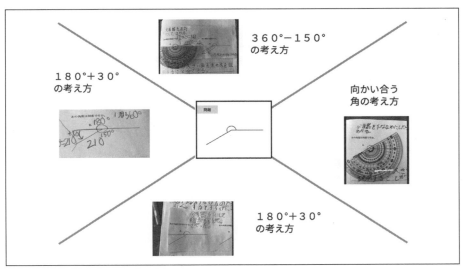

72 授業づくり

ICTを生かした社会の授業の進め方を知ろう

活用ツール ▶ Kahoot!

暗記は Kahoot! と相性抜群

　社会の授業では、地図記号や都道府県、国の名称、歴史人物など、覚えることがたくさんあります。小学生の段階では暗記がメインではありませんが、覚えておくと役立つことが多いです。そんな暗記にぴったりのツールがKahoot! です。社会の導入では、学年に応じて都道府県や歴史人物の問題をKahoot! で繰り返し学習することで、1年間を通して楽しみながら必要な情報を覚えられます。

　社会は調べ学習との相性が良く、個別最適化された学習を進めやすいです。課題に対して自分で調べて学ぶほうが、教えられるよりも学習効果が高まります。学んだ内容は、プレゼンテーションやスピーチで発表します。

73 授業づくり

ICTを生かした
理科の授業の進め方を知ろう

活用ツール ▶ NHK for School

動画教材が大活躍

　子どもたちが理科の授業で最も好きなことは「実験」です。座学よりも実際に体験する方が何倍も学習効果が高まります。しかしながら、小学校では、毎日6時間授業があり、毎回実験の準備をする時間はありません。そこで、動画教材を活用します。実験ができるときには実験を行い、実験をする余裕がないときには、NHK for Schoolを活用します。NHK for Schoolには、学校ではできない実験や観察などの動画が豊富にあるため、実験ができないときに代用できます。また、他教科の学習動画も揃っています。担任している学年の教科書内容と動画を見比べながら、授業で使えそうな動画をメモしておくといつでも活用できるのでおすすめです。

【引用】NHK for Schoolより　（2024年11月29日時点のページ）
https://www.nhk.or.jp/school/keyword/?cat=all&from=1&kyoka=rika

74

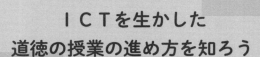

授業づくり

ICTを生かした道徳の授業の進め方を知ろう

活用ツール ▶ Google フォーム Forms Padlet

挙手なしで全員の意見を共有する

　道徳の授業では，自分を見つめ，自分なりの考えや思いをもつことが大切です。しかし，算数のように答えが決まっている科目とは違い，自分の気持ちを表現するのが苦手な子どもも多くいます。そのため，挙手しなくても意見を発表できるデジタルツールを活用する方法も用意しておくとよいでしょう。例えば，子どもたちに自分の経験を書かせる際には，Google フォームや Forms，Padlet を使って意見を集めます。集まった意見を担任が代読することで，発表が苦手な子どもでも安心して自分の考えを伝えることができます。子どもたちが発表に慣れてきたら，デジタルホワイトボードで意見を共有したり，直接発表したりする方法に切り替えていきます。

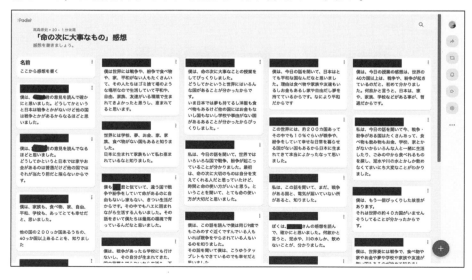

75 授業づくり

ICTを生かした体育の授業の進め方を知ろう

活用ツール ▶ Wakelet ロイロノート Canva

お手本動画のリンク集

　跳び箱や縄跳び，鉄棒，マット運動などの個人種目では，それぞれのお手本が必要になります。一斉授業で練習していく方法もありますが，その方法では子どもたちが自分のペースで学習することができません。そこでICTを活用します。Wakelet（リンクをまとめるツール）やロイロノート，Canvaなどを使用して動画のお手本のリンク集を作成しておきます。子どもたちは，お手本の中から自分で動画を再生して，動画を確認しながら練習することができます。先生はサポートに集中することができ，子どもたちは自分の課題に応じて運動に取り組むことができます。

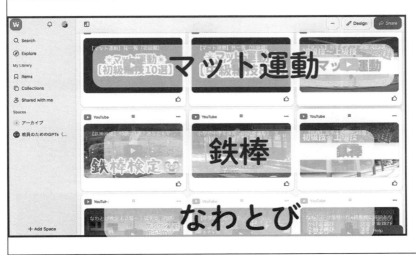

運動ごとに整理するとわかりやすい

76 授業づくり
ICTを生かした総合的な学習の時間の進め方を知ろう

活用ツール ▶ Canva

調べ学習のスライドは Canva で

　総合的な学習の時間のプレゼンテーションづくりには Canva を使用します。Canva で作成するメリットは３つあります。１つ目はスライドのテンプレートがあるので，スライドづくりにかかる時間を短縮できます。２つ目は豊富な素材，３つ目は共有のしやすさです。Canva で作成したスライドは，リンクのコピーで簡単に共有できます。

　例えば，「麦」をテーマに調べ学習をする際には，子どもたちが検索枠で「麦」と入力することで「麦」に関わる多様なスライドのテンプレートが表示されます。そこから好みのスライドを選択してスライド作成を進めていくことができます。

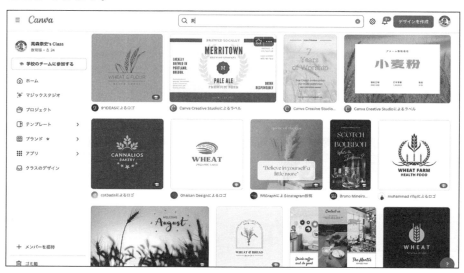

77 授業づくり

ＩＣＴを生かした
外国語の授業の進め方を知ろう

活用ツール ▶ ウェブサイト

デジタルワークショップ

　熊本市教育センターのウェブサイトには，授業で活用できるデジタル教材が全教科揃っています。英語とＩＣＴは相性が良く，チャンツや歌，発音，ワークショップなど，どの活動においてもＩＣＴを活用します。しかしながら，ワークショップでＩＣＴを活用する場合，デジタル教材を作成するのに時間がかかります。そこで，熊本市教育センターのデジタル教材を活用します。こちらはウェブサイトにアクセスするだけで誰でも簡単に使用することができます。また，教科書に対応しているため，使い勝手が良いです。右上ＱＲコードからアクセスできるようにしているので，試してみてください。全教科で使えそうな教材をメモしておくと，いつでも使用できます。

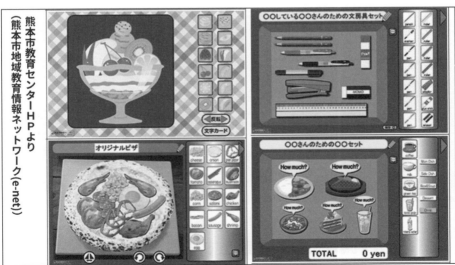

熊本市教育センターHPより
（熊本市地域教育情報ネットワーク(e-net)）

78 授業づくり

ICTを生かした音楽の授業の進め方を知ろう

活用ツール ▶ ロイロノート Canva Padlet

リコーダーや鍵盤ハーモニカの練習をデジタル化

　音楽の授業は，15分ずつの3部構成にすると進めやすく，子どもたちも飽きません。具体的には，15分間で歌の練習，次の15分間で演奏の練習，最後の15分間で座学や意見交換を行います。歌の練習では，CDやデジタル教科書を活用します。演奏の練習では，担任や上手な子の演奏を動画で撮影し，それを子どもたちのタブレットやパソコンに送信します。子どもたちはそのお手本動画を見ながら，自分のペースで練習できます。動画は速度調整ができるので，練習がしやすいです。最後の15分間は，曲の工夫や感想を話し合います。その際には，ロイロノートやPadlet，Canvaのホワイトボードを使って意見を交換します。

Canvaやロイロノートなどに動画を入れると速度調節をすることができる

79 授業づくり

ICTを生かした図工の授業の進め方を知ろう

活用ツール ▶ Canva Google スライド Padlet

工夫点と鑑賞活動と評価を同時に行う

　CanvaやGoogle スライド，Padletなどのツールを使用することで，図工の振り返りと鑑賞活動，評価を同時に行うことができます。子どもたちは，スライド上に写真をアップロードし，自分の作品の工夫点を記入します。自分の作品への記入が終わった子は，他の子の作品のスライドに移動し，作品のコメントを書いていきます。先生は，全員分のスライドを見ることができるので，子どもたちが活動している様子を見ながら，評価を行います。評価では，作品の評価だけではなく，鑑賞の評価も同時に行います。作品と鑑賞の評価のポイントを事前に決めておくことで，授業時間内に全員を評価することができます。

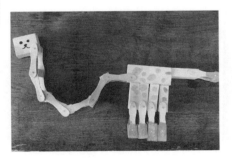

付箋などの機能を活用して相互にコメントし合う

授業づくり

ICTを生かした 生活の授業の進め方を知ろう

活用ツール ▶ Google フォーム　Forms　ロイロノート

写真と手書きのハイブリッド

　低学年の場合は、タイピングができない子が多いです。そのため、タッチペンを使用します。ひらがな入力や音声入力もありますが、短い文章の場合は、デジタルの手書きが便利です。低学年でICTを活用する場合は、生き物や植物の写真を撮影して気づきを手書きします。プレゼンテーションで紹介したい場合も写真をつなげて紹介します。

　他には、小テストやアンケートもデジタル化します。Google フォームやForms、ロイロノートのアンケート機能などを使用して、授業の確認テストや振り返り、日々のアンケートもデジタル化します。デジタルのほうが紙を配って回収するより効率的です。

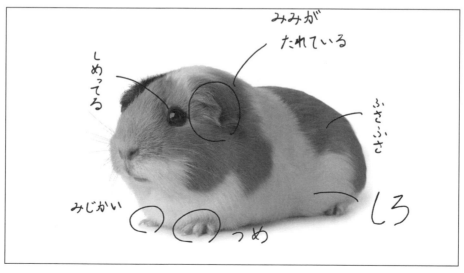

81

授業づくり

ICTを生かした
家庭科の授業の進め方を知ろう

活用ツール▶ Google スライド　Canva　ロイロノート

調理実習の見通しは共同編集で

　調理実習の前に各グループで準備を進めます。グループごとに必要な材料や調理手順をスライドにまとめます。Google スライドや Canva，ロイロノートなどの共同編集ができるツールを使うことで，全員が同じスライドに同時に書き込むことができ，グループで内容を確認し合いながら準備を進められます。また，先生もグループごとのスライドを一覧でチェックできるので，進捗の確認や指導がしやすくなります。

　共同編集することで，全員が責任をもって準備に参加できるようになり，チームワークも向上します。家に帰ってからもスライドで確認できるので，忘れ物を防止することにもつながります。

材料

材料（4人分）
- 水：800ml
- みそ：大さじ4
- だしの素：小さじ2
- 豆ふ：半分
- わかめ：ひとつまみ
- ねぎ：1本

つくり方

1．だしをつくる
なべに水を入れ、だしの素を加えます。火をつけて、中火でに立てます。
2．具材を準備する
- 豆ふをひとくち大に切ります。
- わかめは水で戻しておきます。
- ねぎは小口切りにします。
3．具材をなべに入れる
だしがに立ったら、豆ふとわかめをなべに入れます。2分ほどにて具材に火を通します。
4．みそをとかす
火を弱めて、みそをときます。みそを直接鍋に入れず、おたまやみそこしで少しずつとかしながら入れます。
5．仕上げ
　みそがとけたら、最後にねぎを加え、少しおきます。ふっとうさせないように注意し、火を止めます。

分担

だし担当（田中）
- 水をはかってなべに入れ、だしの素を加えます。なべを火にかけ、だしをつくります。

具材準備担当（佐藤）
- 豆ふを切り、わかめを水で戻し、ねぎを切ります。

みそ担当（鈴木）
- だしがに立ったら、具材をなべに入れ、みそをときます。みその量をはかって、おたまやみそこしを使って丁寧にとかします。

仕上げ担当（森山）
- 最後にねぎを加え、全体の仕上げをします。みそ汁がふっとうしないように注意し、完成させます。

第2章

効率よく仕事する！学級づくりのデジタルスキル

82

授業づくり

ＩＣＴを生かした
特別活動の進め方を知ろう

活用ツール▶ ロイロノート Canva Google フォーム ふきだしくん

意見の集約はデジタルホワイトボードで

　特別活動の授業で効果的に意見を集約するために，ロイロノートや Canva，Google フォーム，ふきだしくんなどのＩＣＴツールを活用する方法があります。これらのツールを使うことで，子どもたちの意見を簡単かつ効率的に集め，可視化することができます。例えば，ロイロノートでは，各自がタブレットを使って意見を投稿し，提出箱で共有できます。Canva では，デジタルホワイトボードで意見を付箋に書かせ，ＡＩでトピックごとに分類できます。Google フォームを利用すれば，集計や分析が容易に行えます。また，ふきだしくんなどのウェブサービスならすべての自治体で使用できます。これにより，全員の意見を取り入れた活動を進めやすくなります。

雨の日の教室での過ごし方を考えよう

みんなで楽しむ活動

- みんなで動画を見る。
- みんなでお話会をする。
- みんなでクイズ大会を行う。

ルール

- ルールを決めてあばれないようにする。
- 雨の日の遊び道具は順番で借りる。
- 大きな声を出さない，走らないなどのルールを決める。

遊び

- 教室で遊んでいい遊びを決める。

静かな活動

- 好きな本を読んで，静かに過ごす時間を楽しむ。
- 折り紙を折って静かに過ごす。
- 読み聞かせでみんなで読書する。

124

授業づくり

「必ず板書する」を疑おう

活用ツール ▶ Goodnotes

板書は絶対ではない

　板書は、授業の流れを示すために使うことが多いですが、毎回必ず板書をする必要はありません。代わりに、プレゼンテーションを使ったり、画面共有でデジタル板書を行ったりする方法もあります。特に、Goodnotesを使えば、タブレットで開いた教科書を電子黒板に映しながら授業を進めることができます。多くの先生がパソコンのデジタル教科書を使っていますが、私はタブレットとGoodnotesを使うことをおすすめします。その理由は、起動が速いからです。タブレットでGoodnotesを開くのは一瞬で済み、手書きで書き込みもできるため、説明がしやすくなります。この方法なら、教科書の内容を印刷して黒板にはる手間も省けます。

授業づくり

AIを授業準備に取り入れてみよう

活用ツール ▶ ChatGPT Gemini

AIなら子どもたちのお手本を瞬時に作成

　小学校では，詩や作文，感想文，プレゼンテーションなどの表現活動を通じて，子どもたちの創造力や表現力を育てます。しかし，これらの活動を行う際に，いきなり自分で考えさせるのは難しいことが多いため，通常は先生が最初にお手本を示し，そのお手本を基に子どもたちに書かせる方法がとられています。ただし，先生がそのお手本を作成するのには時間がかかり，すぐに準備するのが難しい場合もあります。そこで，AIを活用して，詩や作文，感想文，プレゼンテーションなどのお手本を瞬時に生成してみましょう。このようにすることで，先生の準備の負担が軽減されるだけではなく，子どもたちもスムーズに活動に取り組むことができます。

授業づくり

オンライン授業を取り入れよう

活用ツール ▶ Zoom　Google Meet

オンライン授業の種類

　オンライン授業では，主に Zoom または Google Meet を使用します。教員の研修でも使用するツールのため，どちらも使えるようにしておきます。オンライン授業は主に4種類あります。先生からの話のみで進めるトーク型，黒板を撮影しながら行うライブ型，プレゼンテーションやデジタル教科書の画面を共有しながら行う画面共有型，YouTube などで動画を配信する配信型があります。

　トーク型とライブ型は，事前準備が少なく即興でも可能です。画面共有型と配信型は事前準備が大変ですが，内容がわかりやすくなり，配信型は繰り返し視聴することができます。

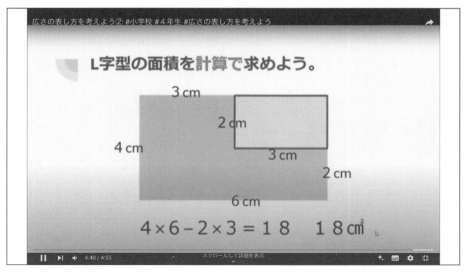

授業づくり

授業で活用しやすい ウェブサイトを知ろう

活用ツール ▶ ウェブサイト

デジタルの力で授業を楽しく

　様々なウェブサイトを活用すると，授業がもっと充実します。例えば，「かけざんマスター　ククハチジュウイチ」（学校教育情報処理研究会）という九九の練習サイトがあり，子どもたちが自分のペースで答え合わせをしながら進めることができます。上りや下り，ランダムで問題を出すことができ，ポイントがたまるゲーム形式なので，楽しみながら練習できます。また，11の段や12の段といった応用もあります。このようなウェブサイトを使うことで，子どもたちが楽しく学習し，自然に学習意欲が高まります。

　他にも「かるたスタジアム」「eboard」などもおすすめです。右上QRコードから，おすすめサイトを紹介しています。

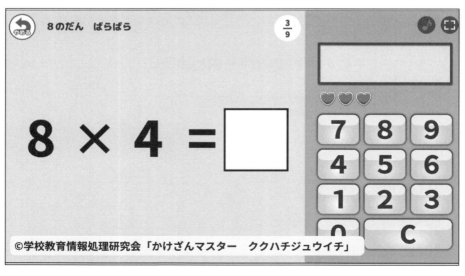

©学校教育情報処理研究会「かけざんマスター　ククハチジュウイチ」

おすすめのウェブサイト集

サービス名	説明
かけざんマスター ククハチジュウイチ （学校教育情報処理研究会）	九九やかけ算などの練習ができるウェブアプリ。様々なチャレンジモードがあるため、学年を問わずに楽しく取り組むことができます。
ICT教材eboard （NPO法人eboard）	無料のオンラインICT教材。小中学校の様々な教科（国語・算数（数学）・理科・社会・英語）を映像授業やデジタルドリルで学習できます。
かるたスタジアム （文溪堂）	都道府県や歴史人物など、社会科に関わる様々な問題にクイズ形式で取り組めるウェブサイト。問題の難易度も選べます。

87 ICT指導

タイピングの指導方法を
おさえよう

活用ツール ▶ タイピング練習サイト

タイピングはホームポジションの練習から

　小学生にタイピングを教える際は，まずキーボードの基本的なレイアウトと指のホームポジションを理解させることが大切です。正しい姿勢を保ち，指をホームポジションに置いた状態で練習を始めます。最初は短い単語や簡単なフレーズをゆっくり正確にタイピングすることに焦点を当て，徐々に難しい文章に挑戦します。タイピングゲームやアプリを使って楽しく練習させます。おすすめのタイピングアプリは，「東京こどもタイピングレース」「キーボー島アドベンチャー」「ポケモンPCトレーニング」です。定期的に進捗を確認して声をかけます。「1分間で何文字」の目標を立て，賞状やデジタルバッジなどで表彰することで子どもたちのやる気を継続できます。

東京都：東京都こどもホームページより

おすすめのタイピング練習

サービス名	説明
ひろがれ！いろとりどり アオとキイの SDGsタイピング（NHK）	SDGsについて学びながらタイピングの練習もできる、NHKが運営するウェブサイト。クリアするごとに色が塗られていくので達成感があります。
東京こども タイピングレース（東京都）	東京都に関する知識を学びながらタイピングの練習ができるウェブサイト。友達との競争も楽しめます。
プレイグラム タイピング（株式会社Preferred Networks）	無料のタイピングアプリ。アルファベットやローマ字入力の基礎を学ぶことができ、苦手なキーなども教えてくれます。

第2章 効率よく仕事する！学級づくりのデジタルスキル

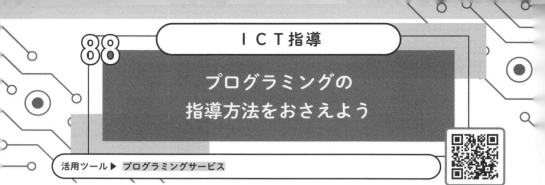

88 ICT指導
プログラミングの指導方法をおさえよう

活用ツール ▶ プログラミングサービス

プログラミングは習うより慣れろ

　小学生にプログラミングを教える際は，まずビジュアルプログラミング言語（プログラミングを視覚的にわかりやすくしたもの）を使って，簡単なプロジェクトから始めます。子どもたちには，プログラミングの概念を伝えるよりも実際に体験させ，理解させるほうが早いです。教員も同様でプログラミングがわからない方は，自分で体験することをおすすめします。プログラミングのおすすめのウェブサイトは，「ポケモンプログラミング」「Hour of Code」「ビスケット」です。この3つは子どもたちが楽しみつつ，プログラミングを理解するのに最適なサイトです。その他にも様々なサイトを右上QRコードでまとめています。ぜひ活用してみてください。

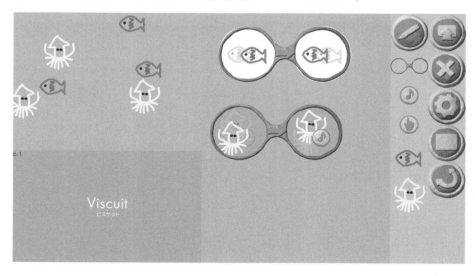

おすすめのプログラミング集

サービス名	説明
ポケモンプログラミング スタートキット （一般財団法人ポケモン・ウィズ・ユー財団 株式会社ポケモン）	プログラミングでキャラクターを動かすなど、楽しくプログラミングに取り組みながら、興味関心を高めることができます。
Hour of Code™ **（Code.org）**	世界中で利用されているプログラミング教材。インターネットに接続できれば誰でもサイト上の様々な学習に取り組むことができます。
ビスケット viscuit **（合同会社デジタルポケット）**	自分で描いた絵を使ってプログラミングを学べるアプリ。直感的に操作しやすいつくりが特徴です。

第2章　効率よく仕事する！学級づくりのデジタルスキル

89 ICT指導
プレゼンテーションの指導方法をおさえよう

活用ツール ▶ Canva　Google スライド　PowerPoint

プレゼンテーションは情報を絞る

　よくあるプレゼンテーションの失敗は，自分が調べたことをそのまま発表し，何を伝えたいのかがわからない発表になることです。

　プレゼンテーションでは，最初に「何を伝えたいか」を明確にします。次に，話したいことを3つ程度のポイントに絞ります。スライド作成では，1枚のスライドに1つのアイデアを載せるように指導し，テキストは少なく，画像や図を使って視覚的にわかりやすくします。また，スライドのデザインはシンプルにし，文字の大きさや色のバランスに注意します。発表の練習では，声の大きさや話す速度，視線の送り方を練習し，自信をもって話せるようにします。リハーサルを繰り返すことで，発表がスムーズになります。

保護者との関係づくり

90 困ったことを AIに相談してみよう

活用ツール ▶ ChatGPT Gemini

手軽に相談，恥ずかしさ0

　保護者対応は初任の先生が苦手にしていることが多いです。また，同僚や管理職に相談するにも時間がなく，相談することを遠慮してしまう，仕事の邪魔をしたくないなど悩みは尽きません。そこで登場するのがＡＩです。ChatGPTやGeminiなどの文章生成ＡＩであれば，気兼ねなく相談できます。これは，人よりもＡＩが優れているというわけではありません。本来であれば，相談する相手は同僚や管理職のほうが良いです。人に相談する前のクッションとして一旦ＡＩに相談する方法もあるということです。

　気をつけるべきことは，ＡＩに相談してもＡＩは責任を取ってはくれないことです。本当に困ったときは，必ず主任や管理職を頼りましょう。

 あなたはベテランの小学校教師です。次の対応を考えてください。保護者から「習い事が忙しいので、宿題の量を減らしてほしい」と意見がありました。どのように対応したらいいでしょうか。

回答案を表示 ∨　🔊

 保護者からの「習い事が忙しいので、宿題の量を減らしてほしい」という意見に対しては、まずはお子さんの状況をしっかりと理解しようとする姿勢を示すことが大切です。その上で、以下のような対応を検討すると良いでしょう。

1. 保護者との面談・懇談

- **お子さんの状況の把握:**
    - 具体的にどのような習い事を、どのくらいの頻度で行っているのかを確認する。
    - 習い事と宿題の両立について、お子さんはどのように感じているのか、保護者を通じて、または可能であればお子さん本人からも話を聞く。
    - 学校での様子、学習の進捗状況などを共有し、宿題の目的や意義について説明する。
- **宿題の調整について:**

91 保護者との関係づくり

保護者会用のプレゼンテーションを準備しておこう

活用ツール ▶ Canva

4月の保護者会データを事前準備

4月に入り、初任の先生が最も緊張するイベントの1つが、授業参観と保護者会です。「何を話せばよいのか」「大勢の保護者を前にして緊張してしまう」など、多くの先生が不安を抱える時期です。そこで、初任者のみなさんの不安を少しでも軽減できるよう、4月の保護者会で活用できるテンプレートをプレゼントします。このテンプレートは、右上QRコードからCanvaを使用してダウンロードできるようになっており、ダウンロード後は自由にコピーして編集が可能です。自分の個性を生かせるように、写真や動画を挿入してアレンジしてください。プレゼンテーションを作成したら、発表の練習を行い、保護者会に臨みましょう。

サイコロトーク

緊張を緩和するための時間です。

① ○○さん（お子さん）について
② 家庭でのスマートフォンやタブレットのルール
③ 家庭教育で大切にしていること
④ 育児で最も効果的だったこと
⑤ ○年生で成長してほしいこと
⑥ お子さんとの休日の過ごし方

グループでサイコロトークをします。
サイコロを振って出た目のお題について話します。

保護者会プレゼンテーション
QRコードからデータダウンロード可

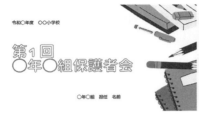

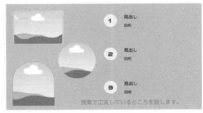

第2章 効率よく仕事する！学級づくりのデジタルスキル

92 保護者との関係づくり

アイスブレイクやグループワークネタを
AIに任せてみよう

活用ツール ▶ ChatGPT Gemini

話すだけで1時間は難しい

保護者会で話のみで1時間もたせるのには，プレゼンテーション力やトーク力が求められます。経験を積み重ねていないと相手を引きつけたまま話すことは難しいです。そこで，保護者会では，アイスブレイク（緊張を緩和するためのアクティビティ）やグループワークの時間を設けます。生成AIなら様々なアイデアを即時に提案してくれます。

以下の内容は，Geminiに提案してもらったものです。アイスブレイクではクイズを，グループワークでは川柳を提案されました。どちらも盛り上がる様子が想像できます。AIが提案した内容が気に入らない場合は，追加でお願いすれば他の案を考えてくれます。

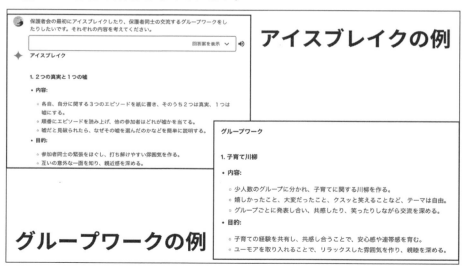

93 保護者との関係づくり

学級クイズ大会で保護者会を盛り上げよう

活用ツール ▶ Kahoot!

参加型の保護者会

　Kahoot! を活用すれば，誰でも簡単に盛り上がる保護者会を実施することができます。また，Kahoot! を使用することで，令和の子どもたちのＩＣＴが当たり前にある学び方を保護者に体験してもらうことにもなります。

　方法は簡単です。事前に Kahoot! で保護者会用の問題を作成しておきます。問題内容は，「３年２組の子どもたちに一番人気の遊びはなんでしょうか」「給食一番人気のメニューはなんでしょうか」「人気の教科はなんでしょうか」「担任の先生の好きなところはどこでしょうか」などの問題を事前に作成しておきます。楽しみつつ，学級の様子や教室でのＩＣＴの活用の仕方を伝えられるので，一石三鳥です。

保護者との関係づくり

家庭のことを保護者同士で共有してもらおう

活用ツール ▶ Padlet

全員意見を伝えられる保護者会

　保護者会は，保護者同士が交流する良い機会ですが，保護者にとっては緊張する場面でもあります。特に全員の前で話すことは緊張します。そこで，デジタルホワイトボードのPadletを活用します。右上QRコードからPadletにアクセスできますので，ぜひ試してみてください。

　使い方はとても簡単です。担任がPadletのボードを作成し，そのQRコードを保護者に配付します。保護者はスマートフォンを使って簡単にアクセスできます。担任は，「子どもたちの家庭での様子」「最近の育児の悩み」「家庭での学習の様子」などのテーマを設定します。保護者は，それぞれ書き込むことで，すぐに情報を共有できます。

95 保護者との関係づくり

保護者会で役立つ情報モラルサイトを知ろう

活用ツール ▶ **ウェブサイト**

保護者会のネタや授業参観で活用できる

近年では，学校における1人1台端末の普及をはじめとして，子どもたちのスマートフォンやタブレットの所持率が急速に高まっています。一方で，保護者は小学生時代にスマートフォンやタブレットがなかった方が多く，子どもたちにどのように指導すればいいのかを悩んでいます。自分がされていない教育を子どもにするのは難しいのです。

そこで，保護者会や授業参観で情報モラルに関する情報を伝えたり指導を見せたりする機会があるとよいでしょう。おすすめは，授業参観で情報モラル教育を行い，その後，保護者会でも情報モラルに関するグループワークを行う方法です。以下は，その際に使用するおすすめのウェブサイトの例です。どのサイトもそのまま授業や保護者会で活用できます。

- ・『自分とあいてとのちがい』（東京都教育委員会・とうきょうの情報教育　情報教育ポータル）
- ・『ちょっと待って！スマホ時代のキミたちへ　スマホやネットばかりになっていない？2020年版』（文部科学省）
- ・『姫とボクはわからないっ』（NHK for School）
- ・『Interland』（Google）
- ・『「スマホ」18の約束』（名古屋市教育センター）

第2章　効率よく仕事する！学級づくりのデジタルスキル

141

保護者との関係づくり

相談窓口を作成し，定期的な情報収集をしよう

活用ツール ▶ Google フォーム　Forms　Padlet

先手の交流を

　保護者から強い意見を受けることが多い原因のほとんどは，情報のやり取りが不足していることにあります。そこで，日頃から保護者の声を集める仕組みをつくりましょう。例えば，学級通信に Google フォームを貼り付け，保護者が意見を伝えやすくします。紙の学級通信の場合は，ＱＲコードを使い，デジタル版の場合はリンクを貼ります。Google フォームだけではなく，Forms や Padlet を使って意見を集めることもできます。

　些細な意見でも，積み重なると大きな問題になることがあります。日頃から小さな意見を集めておくことで，話し合いで解決できる範囲を広げることができます。

97 保護者との関係づくり

子どもの成果物をデジタルで掲示して学級の様子を伝えよう

活用ツール ▶ Padlet

Padletなら写真も動画も簡単に共有

　Padletは，文章を共有するだけではなく，写真や動画を共有することもできます。GIGAスクール構想以前は，教室の側面や後方に絵画や日記，作文を掲示していました。しかしながら，この方法は，場所をとるだけでなく，掲示する時間や片付ける時間がかかります。Padletなら子どもたちは，自分の成果物を写真で撮影し，アップロードするだけです。先生は，作成したボードをリンクで共有します。紙媒体で共有する場合は，リンクをＱＲコードにします。TeamsやGoogle クラスルーム，メールなどで共有する場合は，リンクをコピーして貼り付けます。子ども同士の交流も保護者の閲覧も簡単にできます。

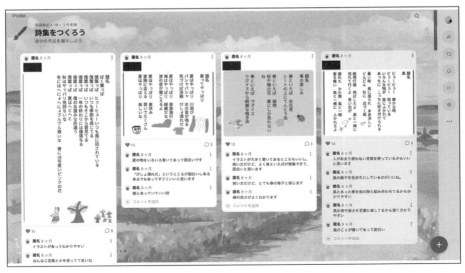

98 保護者との関係づくり

子ども通信で学校の様子を知らせよう

活用ツール ▶ Canva

Canvaならアナログもデジタルも

　学級通信は担任が書くだけではなく，子どもたちに書いてもらう方法もあります。学期末に，1学期間を振り返る子ども通信を書かせます。Canvaなら学級通信のテンプレートがあるので，子どもでも簡単に書くことができます。子ども通信には，自分の成果物（ワークシートや図工，習字の写真）や学級の写真を貼り付け，頑張ったことや成長したことを書きます。Canvaなら担任側から写真を送ることもできるので，学級で撮り溜めておいた写真を子どもたちに渡し，それを編集させます。低学年の場合は，写真を用意して手書きで思い出を書きます。配付方法は，ＰＤＦでダウンロードして印刷するか，リンクのコピーを渡してデジタル版を共有します。

99 保護者との関係づくり

毎月の思い出を写真で伝えよう

活用ツール ▶ Canva

文字より写真が伝わる

「百聞は一見に如かず」ということわざのように，文字で学級の様子を伝えるよりも，写真で伝える方がずっとわかりやすいです。長い文章を書く代わりに，写真でその様子を伝えましょう。やり方は簡単です。月末の学級通信をすべて写真で作成するだけです。

Canvaにはフレーム機能があります。このフレームは，写真の形やサイズを固定できる便利な機能です。まず，1つのスライドにフレームを使ってデザインをつくり，それを12個分複製します。あとは，毎月フレームにその月の学級の様子がわかる写真を挿入するだけです。この方法は，文章で通信を書くよりも短時間で済み，学級の様子をよりわかりやすく伝えられます。

100 保護者との関係づくり

保護者も嬉しい
写真付き賞状を用意しよう

活用ツール ▶ Canva

写真は思い出になる

　子どもたちのやる気を高めるためのアイテムのひとつに「賞状」があります。特に，賞状が豪華だと，子どもたちのやる気もいっそう高まります。例えば，「１学期の漢字をすべて覚えたで賞」「九九を全部言えたで賞」「100マス計算を３分以内に解けたで賞」「都道府県を全部覚えたで賞」「歴史人物をすべて覚えたで賞」など，様々なバリエーションの賞状をつくることができます。

　子どもたちは，このような賞状を集めることが楽しくなり，自主的に学習に取り組むようになります。賞状はCanvaを使えば，簡単にデザイン性の高いものを作成できます。

101 保護者との関係づくり

学期の思い出ムービーを作成しよう

活用ツール ▶ Canva

写真を入れるだけのお手軽動画作成

Canvaで思い出ムービーを簡単に作成することができます。Canvaで「スライドショー動画」と検索するとたくさんのテンプレートが出てきます。好みのテンプレートを選び，写真を挿入するだけで思い出ムービーの出来上がりです。アニメーションや画面切り替え，音楽などはテンプレートに入っているので，自分で操作する必要はありません。写真のデータさえあれば簡単に作成することができます。

思い出ムービーは保護者会の最初に流したり，学期末の振り返りに使用したりすることができます。子どもも保護者も喜びます。スマートフォンやタブレットで撮影しておくと簡単に挿入できます。

102 授業参観の準備をしよう

保護者との関係づくり

活用ツール ▶ NHK for School

スマホトラブルについての授業がおすすめ

　スマートフォンなどのネットトラブルについての授業は，最初の授業参観におすすめです。NHK for School で「スマホトラブル」のように検索すると，動画やワークシート，授業プランが見つかります。これらはそのまま授業で活用できるので，準備に手間がかかりません。

　最近は小学生のスマートフォン所持率が上がっているため，年度初めにこの授業を行うことで，スマートフォンに関するトラブルの防止にもつながります。特に中学年以上の学年におすすめです。授業参観のあとに保護者会がある場合，参観した内容を振り返り，スマートフォンに関するグループワークや悩み相談会を行うと，スムーズに進行できます。

【引用】NHK for Schoolより　（2024年11月29日時点のページ）
https://www.nhk.or.jp/school/keyword/?kw=SNS%E3%80%80E3%83%A2%E3%83%A9%E3%83%AB&cat=all&from=1

番外編

仕事ができるようになるための思考術

まずはなくす

　仕事の量を減らす最初のステップは，「本当にやらなければならないのか？」と疑問をもつことです。私たちは日常の業務の中で，「やるべき」だと信じ込んでいる作業に時間をかけがちです。しかし，その仕事が実際に必要かどうかを問い直すことが仕事のスピードを高める第一歩です。例えば，掲示物や日記へのコメント，これらの仕事は必ずしも強制されているものではありません。必要最低限にすることで仕事のスピードを高められます。

ＡＩや人に頼る

　すべてを自分で抱え込む必要はありません。仕事が得意な人に尋ねたりＡＩツールを活用したりすることで仕事のスピードが格段に上がります。

方法や手順を見直す

　必要な仕事が残った場合は，そのやり方を見直して効率を上げる工夫をしましょう。効率化のポイントは，プロセスを短縮したり，ツールを活用したりして時間を節約することです。例えば，ワークシートの配付について考えてみます。印刷して配付すると時間がかかりますが，ワークシートをＰＤＦ化してデジタルデータで配信し，ロイロノートなどのデジタルツールで書き込ませる方法に切り替えれば，印刷や配付にかかる時間をほぼゼロにすることができます。

　仕事を進める際は，「なくす」「頼る」「見直す」の順で考えます。この順序で思考を進めることで，飛躍的に仕事のスピードが上がります。

おわりに

　本書を手に取っていただき，ありがとうございます。本書の内容について詳しく知りたい方や他の方法について興味がある方は，ぜひ私の Voicy や Instagram をチェックしてみてください。私はこれらのＳＮＳで，数年間にわたり毎日発信を続けてきましたので，そこにはヒントがたくさんあるはずです。

　私の初任時代は，通知表や学級通信，月末の出欠集計など，すべて手書きで行っていました。中学校技術の教員免許をもっていたので初任者のときから情報主任を担当していましたが，できたのは Word と PowerPoint くらい。Excel の関数については全くわからず，コピー機の使い方にも苦労し，初めて買ったタブレットも１週間ほどしか使わずにそのままにしていました。今では信じられませんね（笑）

　その頃は，一太郎から Word への移行期で，Word が使えるだけで周りから称賛されていました。また，手書きこそが正義であり，「手書きには愛がこもっている」という考えが強かったため，私もその影響を大いに受けていました。もし初任者のときにデジタルをもっと活用できていれば，仕事はずっと楽だったと思います。しかし，当時はデジタルについて書かれている教育書も少なく，学ぶ余裕もありませんでした。

　この本には，そんな経験をしなくても効率よく働けるためのスキルが詰まっています。この本を活用していただき，余った時間をより有意義に過ごしていただければ幸いです。

　最後になりましたが，執筆活動を最初から最後まで丁寧にサポートしていただいた明治図書の新井皓士さん，大変お世話になりました。ここに記して御礼申し上げます。そして，私をいつも支えてくれる，愛する家族に心から感謝します。

高森　崇史

参考文献一覧

・向山洋一　著『新書版　向山洋一全集 I 巻　黄金の三日間がクラスの一年間を決める』（東京教育技術研究所，2018）

・向山洋一　原著・監修／松崎　力　著『向山洋一の授業の腕をあげる法則　リメイク版』（明治図書，2007）

・三好真史　著『教師の言葉かけ大全』（東洋館出版社，2020）

・三好真史　著『学習評価入門』（フォーラム・A，2023）

・桔梗友行　編著『朝の会・帰りの会　基本とアイデア184』（ナツメ社，2014）

・辻川和彦　編著『給食指導　完ペキマニュアル』（明治図書，2019）

・垣内幸太　著『笑顔で全員参加の授業！ただただおもしろい指名の方法48手』（明治図書，2018）

・樋口咲子・青山由紀　著『板書　きれいで読みやすい字を書くコツ』（ナツメ社，2013）

・坂本良晶　著『授業・校務が超速に！　さる先生の Canva の教科書』（学陽書房，2023）

・文部科学省「学習指導要領の実現に向けた個別最適な学びと協働的な学びの一体的な充実に関する参考資料」（令和３年３月版）

【著者紹介】
高森　崇史（たかもり　たかふみ）
1988年熊本県生まれ。熊本大学教育学部を卒業後，熊本県公立小学校教諭として勤務。2024年，Google AI + Edu Fellowshipに選抜され，AI教育の実践を世界に広めている。
Google for Education 認定トレーナーやマイクロソフト認定教育イノベーター（MIEE），Goodnotes Brand Ambassador（日本人初），Kahoot! Ambassador，Wakelet Ambassador，Teacher Canvassador，ロイロ認定Teacher，デジタル推進委員など40以上の資格を取得。
著書に，『ゼロからでもすぐ取り組める　先生のためのＡＩ＆ＩＣＴ働き方革命術』『NEXT GIGAの仕事イノベーション　学校で使いたいＡＩのすべて』（明治図書）がある。

先生１年目からの
アナログ＆デジタル学級づくりスキル102

2025年２月初版第１刷刊	Ⓒ著　者	高　　森　　崇　　史
	発行者	藤　原　光　政
	発行所	明治図書出版株式会社

http://www.meijitosho.co.jp
（企画）新井皓士（校正）井村佳歩
〒114-0023　東京都北区滝野川7-46-1
振替00160-5-151318　電話03(5907)6701
ご注文窓口　電話03(5907)6668

組版所　広　研　印　刷　株　式　会　社

＊検印省略

本書の無断コピーは，著作権・出版権にふれます。ご注意ください。

Printed in Japan　　ISBN978-4-18-306521-6

もれなくクーポンがもらえる！読者アンケートはこちらから →